グローバル化の中の国際経済

ポスト・コロナの米国リスクを視点に

グローバル化の中の国際経済
ポスト・コロナの米国リスクを視点に

◉

目　次

はじめに

はじめに

　「Globalization」という用語に私が初めて出会ったのは、1990年代の初頭であった。「グローバリゼーション」を日本語で表現すると地球化、あるいは世界化となるだろうが、当時は日本語としてどのように訳すべきか悩んだ記憶がある。このワードも、今やカタカナ外来語として「日本語」化し、日常生活において色々な場で用いられる現代用語となっている。この言葉にアカデミックに統一された定義があるわけではないが、本稿では、地球上のあらゆる国・地域間でのヒト・モノ・カネの移動が自由化されていくプロセスと、とらえておこう。

　国際経済の側面からみると、グローバリゼーションは商業活動や金融活動に極めて好都合に作用している。18世紀後半から19世紀にかけての英国の経済学者、リカードはグローバリゼーション発展の思想的基盤といえる経済理論を比較優位論として発表しているが、この理論は、またWTO世界貿易機関の理論的な支えともなっている (1)。

　本論では、グローバリゼーションが、第二次世界大戦後の国際社会でいかに根を下ろし、かつ進展してきたかを概観し、さらに急速な勢いで進展する経済的なリスクを検討、経済危機発生回避の手がかりを探ることに重点を置いた。現在、世界中がコロナウィルスの脅威にさらされ、多くの国が効果的なワクチン開発、医薬品開発を急いでいる。人類の努力、高度な科学の進展でやがてこのウィルスも制圧されることと思われる。ただ、ポスト・コロナの時代において、国際経済のグローバル化の進展に歯止めがかかることはあって

はならないことである。グローバリゼーションはデメリットもある
が、国際経済にはその発展の面で大きな貢献をなしているからだ。
国際経済のグローバル化の長期的なかつ健全な進展という視点から、
本書が何らかの示唆を示すことが出来れば幸いである。

2020 年 8 月

鎌 田 信 男

1章　第二次大戦後のグローバリゼーション

　「グローバリゼーション」という用語は現代を読み解くキーワードとなっている。本書では、「グローバリゼーション」を地球上に存在するヒト、モノ、カネの動きが地球規模化していく現象、換言すると、ヒト、モノ、カネの国境を越える移動への規制が排除に向かう地球的現象と捉えておくことにする。このグローバリゼーションの波が、目に見える形で人々の前に押し寄せ、人々の生活や社会に影響を及ぼし始めている。

　グローバリゼーションは、時として現代人が経験したことのない不安や、騒動を誘発させる（この点で、経済学的な視点からの分析は後段に詳述しよう）。しかし、一方で、経済や金融活動、社会、政治、芸術、文化、そして環境など幅広い分野で、国境を越えた交流を活発化させ、人類にプラスの効果をもたらしていることも事実である。

　図表1-1は、英国の統計学者、アンガス・マディソンが、世界の経済規模を超長期のスパンで推計した結果を示したものである (1)。タイムスパンが西暦元年から現代までという超長期のGDP推計であるため、どうしても推計値の信頼性が気になる。推計値は各国、各国民の生活水準などを根拠としてマディソン独自の手法により算出された値である。即ち、経済統計の存在しない時代のGDPは、過去の人々の生活様式から一人当たりの生活水準、所得、そして「物的豊かさ」が割り出され、推計されている。従って、この数値から、世界経済全体の大きな流れは把握できると言えよう。

　推計によると、世界全体の経済規模は、西暦元年から産業革命直

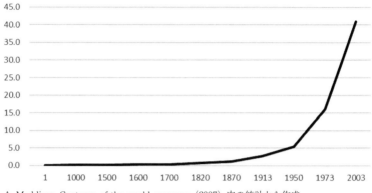

図表1-1
世界の GDP 動向（西暦1年〜2003年）（兆国際ドル）

A. Maddison, Contours of the world economy（2007）内の統計から作成

前の1700年の間に、実質で3.5倍増加している（年率換算で0.07％増）。一方、1700年から第二次大戦直後の1950年までの250年の間に、人類は産業革命を経験したおかげで43倍（年率で1.5％増）まで成長率を加速させることができた。さらに1950年以降、2003年に至るわずか、半世紀で、経済規模は7.7倍増加したのである。年率に直して3.2％、経済規模は増加したのである (1)。世界レベルで工業化が進展したことに加え、第二次大戦後、経済活動におけるグローバル化が進展してきたことは少なからず経済発展に影響を与え、人類の歴史上、経験したことのない速いテンポの経済発展をもたらしている。

　ここでは、第二次大戦後以降、世界においてグローバリゼーションが徐々に進展し、それが経済にも大きなプラス効果を与え、世界レベルで経済発展を促す要因となったという視点をとる。このグローバリゼーションを進展させた重要な背景として、以下では2章及び3章においてこれら3点を取り上げよう。

2章 　戦後の国際協調体制確立と経済の グローバル化

2-1 　戦後国際協調体制の枠組み

　「経済のグローバリゼーションは、歴史的な経過の中で出現した もので、それはとりわけ財、サービス、資本の国境を越えた動きに より、世界中で経済統合が加速していることを意味している。また、 時に労働力や技術ノウハウの国際的移動にも関与する言葉にもなっ ている」。上記は、IMF スタッフによる経済のグローバル化につい ての説明であるが (2)、「財、サービス、資本の国境を越えた動き」、 「経済統合が加速」、「労働力や技術ノウハウの国際的移動」を、地 球レベルで実現させるためには国際社会でのコンセンサスが必要だ った。財、サービス、資本の自由な移動を保障する体制の確立に向 け、国際社会が本腰を入れたのは、第二次世界大戦直後からである。 国際社会の努力の結果実現された体制を、ここでは「国際協調体 制」と呼ぼう。本稿では、この体制が、国際経済におけるグローバ ル化の進展を長きにわたり支えてきた要因ととらえる。

　「国際協調体制」は国際協調を前提として形成された自由貿易シ ステムを指している。この体制を支える 2 つの国際協定が GATT （ガット）と IMF 協定である。ガットは後述の通り、現在の WTO に受け継がれるが、本書では「ガット・WTO 体制」と呼び、IMF 協定が規定するシステムを「IMF 体制」と呼ぶことにする。

　国際協調体制は、「ガット・WTO 体制」、「IMF 体制」という 2 つの機能で構成され、経済のグローバル化進展の基盤となってきた

のだ。以下では、第1点としてガット・WTO の枠組みと現状、第2点として IMF の枠組みと現状にわけて、現在の国際協調体制がグローバリゼーションの進展にどのような役割を果たしてきたかを概観しよう。

（1）ガット体制の成立

　戦後の国際協調体制は、第二次大戦前にみられた排他的行動、近隣地域や植民地諸国が集合する経済ブロック化などへの反省のもとに、公平で自由な国際貿易体制の実現を基本理念として戦後社会が構築した国際経済システムである。公平で自由な経済システムを、地球レベルで構築すべく、制度設計され署名された国際協定、ガット（GATT, General Agreement on Tariffs and Trade, 関税と貿易に関する一般協定、以下、ガット）および、IMF（International Monetary Fund　国際通貨基金）の2つの国際協定を軸に構築させている体制で、戦後の自由貿易システムを特徴付けるものとなっている。

　まず、貿易面での自由・公平な国際関係の確立を目指したガット成立への流れを、第二次大戦以前の米国に視点を移し、以下で考えてみよう。

　産業革命を経た米国は、1920 年には既に世界工業生産の 47％を占めるまでに経済成長を遂げ、「世界で最も豊かな国」、そして周辺国に対し経済的に「最も強い影響力を持つ国」と評されるまでに成長していた。その米国で、1929 年 10 月、株式市場が大暴落する。景気拡大を続けていたニューヨーク株式市場での暴落は、国内金融システムを混乱に陥れ、順調だった経済運営を停止させ、経済は恐慌状態となった。実質経済成長率（当時は GNP 基準を使用）は、1929 年の 6.6％から 1931 年にマイナス 7.7％へ、さらに 32 年にはマイナス 14.8 へと大きく低迷し、国内の失業者数は、1933 年に 1283 万人にのぼり、失業率は 24.9％を記録した。

　経済恐慌は、世界経済に大きな影響を及ぼした。中南米諸国では、

米国向けの一次産品輸出が急減し、穀物をはじめ商品市況も急落、中南米経済を直撃、米国向け工業品輸出に依存していた英国をはじめ欧州経済にも打撃を与えた。米国での経済恐慌を機に、世界経済が縮小に向かった。

　経済の縮小は、保護主義と外部諸国に対する排斥主義の空気を世界に蔓延させた。1930年6月、米国議会はスムート・ホーリー関税法（Smoot-Hawley Tariff Act）を成立させ、米国は2万品目以上の輸入品の大幅な関税引き上げを行った。これに対抗し、ヨーロッパ諸国も、次々と保護主義政策を採り始める。英国が1932年2月、全輸入品の関税引き上げ実施のため保護関税法を成立させた。同年7月には、英連邦諸国（英国、アイルランド、カナダ、インド、オーストラリア、ニュージーランド、南アフリカ、南ローデシア）が排他的経済圏といわれる「英連邦特恵関税制度」を発足させ、いわゆるスターリング・ブロックを構築する。このことは、世界各地で、域内で特恵関税制を導入し、域外には高率関税を課すという、いわゆる「ブロック経済」形成への動きを生み出した。フランスが呼びかけたフラン・ブロック、ドイツを中心としたマルク・ブロック、米国を中心としたドル・ブロックなど排他的な経済圏が形成されていった。

　国際金融面では、1931年9月に、自国からの金の流出を防ぐため英国が金本位制を停止させた。これに追随し、他国も金本位制から離脱しはじめる。1931年末までにスウェーデン、ノルウェー、デンマーク、カナダ、フィンランド、日本が、そして1933年に米国、1935年にベルギー、1936年にフランスとスイスが、次々に金本位制度から離脱していった。金との固定相場から解放された工業国は、自国の為替切り下げ策を取ることになる。1940年の対米ドルの為替相場は1930年と比較し、例えば、英ポンド21％、フランス・フラン89％、デンマーク・クローネ39％、オーストラリア・ドル50％など(3)、それぞれ切り下げられた状態にあった。自国の

雇用を守るために為替切り下げに頼る近隣窮乏化政策が世界に蔓延していた。国際経済の秩序は崩壊し、その結果、世界は軍事力による植民地拡張主義へ、次いで第二次世界大戦へと向かったのである。

　第二次大戦の中で、国際社会は蔓延した保護主義の弊害を痛感する。米国、英国など連合国側は、大戦終了前から、将来の国際経済秩序の回復を念頭に、保護主義を排除し、国際貿易の回復のための国際レベルでの経済システムの確立を検討し始めた。

　第二次大戦時、連合国の米国と英国２カ国は、領土不拡大や世界の通商の均等な開放などを目指した大西洋憲章（Atlantic Charter）に 1941 年に調印した。両国のイニシアティブのもと、保護主義排除を目指して戦後の国際貿易体制の検討が進められた。そして大戦終結後の 1945 年 11 月、米国が『国際貿易と雇用に関する会議による考察のための諸提案』（Proposals for Consideration by an International Conference on Trade and Employment）を公表した。この提案の中に、世界レベルでの自由貿易構想が描かれていた。この貿易構想こそが、ITO（International Trade Organization　国際貿易機関）設立プランである。ただ、第二次大戦で世界の大半の国々は経済が疲弊しきっていた。国際社会には、戦前に世界に蔓延した保護主義とそれによる経済混乱への反省が強く残っていた。そのため、多くの国は、国際機関としての自由貿易を推進する機関に参加することをためらった (4)。

　そこで、憲章から自由貿易や関税に関わる条項が抜き出され、「関税と貿易に関する一般協定」（General Agreement on Tariffs and Trade）が起草された。そして、憲章調印に先立つ 1947 年 10 月、23 カ国により同案が調印され、1948 年 1 月に協定は発効した。ITO の自由貿易の理念は取り入れられたが、ガットはあくまで国際協定であり、国連機関のような締約国への強制力は持たなかった。この点は当初の ITO の構想内容とは異なるものとなった。

(2) 国際協定としてのガットの基本原則

　1948年1月に発効したガットは、その目的として、貿易障害と貿易上の差別待遇を排除することによる国際貿易の発展と、それによる世界経済の安定的成長の実現を掲げている。ガットは、貿易の発展を実現する目的のため「戦後の国際貿易の制度的枠組み」（西田［2000］、125ページ）を担うことが期待された条約であった。

　ガットの条約文は38条から構成され、締約国は、条約順守が求められる。国際貿易（5）を運営していく上で重要な項目をルール化した国際協定がガットであるが、その中でも、以下4つのルールがガット体制を特徴付ける基本的原則と言えるだろう。即ち、最恵国待遇、内国民待遇、貿易障害の排除、協議に基づく問題処理、である。以下でこれらの4点を詳しく見ておこう。

①最恵国待遇について

　公平な国際通商の実現のために最も重要なガットの規定は、この最恵国待遇である。この用語は、ガット第1条に明記されている。これは、ある加盟国に対する関税や課徴金などの貿易条件は、全てのガット加盟国に同じ内容で提供されねばならない。特定の貿易相手国に貿易上の便宜が図られた場合は、その便宜が全てのガット加盟国に、無条件で適用されねばならない。これがガットが目指す最恵国待遇である（ただし、工業化で遅れる諸国を支援するため、貿易相手国が途上国として「特恵関税率」が適用される場合は、当該国からの輸入税率は、一般加盟国よりも低い税率となることを認めている）。

②内国民待遇について

　この原則は、第3条で規定され、公平な国際通商実現目的という意味で、最恵国待遇とともに重要なガットのルールとなっている。ガットの加盟国は、外国からの輸入産品に対し、税制面で、販売活

動面で、不利な扱いや待遇を与えてはならないとする内容である。輸入品に対し国内品よりも高い税や課徴金を課すこと、また輸入品に対し販売、流通規則などで国内品よりも不利な立場に置くことなどが禁止されている。

③貿易障害の排除について

　ガットは、上記の最恵国待遇、内国民待遇のルールのもとで、国際貿易における貿易障害の排除に向け監視を行う。ガットの協定前文では、「関税その他の貿易障害を実質的に軽減し、及び国際通商における差別待遇を廃止するための相互的かつ互恵的な取極めを締結することにより、これらの目的に寄与することを希望して」協定を結ぶ意味を指摘している。貿易上の障害排除を実現するため、ガット第2条では、加盟国が予めガットに提出する譲許表内の輸入関税率を上回る率を、原則として、輸出相手国に適用することはできないと規定している。譲許表に示された関税率が最高税率となり、これを下げていくことが、ガットの役割の一つとなる。そのために、第28条では、関税交渉を随時開催することを規定している。また、第11条は、輸出、輸入において非関税障壁（例えば、割当など数量制限など）を用いることを禁止している。長期にわたる数量制限は、その国の産業を保護的で排外的な性格にするので、産業保護が必要な場合は、保護の状況を明確に示す関税措置に一本化することを規定している。

④協議に基づく問題処理について

　ガット加盟国間の紛争回避を重視するガットは、加盟国間の協議による解決を重要原則の一つとしている。第22条において、各締約国が、ガット運用に関して他の締約国が行う申し立てに対し好意的な配慮を払い、かつ、その申し立てに関する協議のため適当な機会をあたえなければならない旨を明記した。国際貿易に係る摩擦が

発生した場合、可能な限り当事国間の話し合いによる解決を原則とした。問題解決のための協議の申し入れを受けた国は、「好意的な配慮」を払った上で、応じることが求められている。

　以上の4つの基本的原則は、特に、自由貿易の円滑な運営には、重要な内容であった。これらは、戦後の貿易システムの中で機能し続け、戦後の国際貿易の拡大を促すことが期待された。

(3)　戦後世界経済におけるガットの機能と変遷

　第二次大戦直後のガットにおいては、最大の貿易障害として世界全体で高水準な関税率問題に焦点があてられ、貿易交渉も関税引下げに議論が集中した。

　第1回目の貿易交渉は、ガットの正式調印の年の1947年に開催された。そこで、加盟国間で合計4万5千品目にのぼる関税譲許が実現した。ガットの原加盟国は、23カ国だが、参加国の貿易量は当時の世界貿易量の8割を占め、その後の関税引き下げに弾みをつけた。第2回から第5回目まで4回の交渉で実現した関税譲許品目数は平均約5300件だった。第5回目の交渉では、1957年にローマ条約が調印されたことから、関税と共にEECの貿易政策も重要議題となった。ちなみに、第1回から第4回にかけての貿易自由化交渉はその殆どが関税引き下げに関するものであり、関税交渉と呼ばれたが、第5回目以降は関税以外の多岐にわたる貿易交渉が議題となり、各交渉には「ラウンド」という名称がつけられることになった。

　貿易障害の排除を目指すガットは、一時的な自国産業保護措置の導入を容認しているものの、その場合でも関税による対応のみを認め、非関税措置は原則排除することを規定している（第11条）。従って、ガットの貿易交渉はより難しい局面に入り、交渉期間もより長期化してくる。

　第6回目の貿易交渉会議（1964年〜1967年）は、ケネディ・ラ

ウンドと呼ばれ、非農産品の約3万品目で、当時の税率に対し平均35％もの大幅関税引き下げが実現された。また、関税取極めとともに、ダンピング防止対策に係るダンピング防止規約が定められた。

1973年〜1979年の第7回目交渉（東京ラウンド）でも、関税問題が主要な議題となり、2万7千品目に及ぶ関税譲許が実現し、鉱工業品平均の関税平均引下げ幅は33％に達した。

関税障壁は、7回のラウンドにより、自由貿易に向け大きな成果をあげた。ちなみに、先進国の鉱工業品の平均関税率は、1945年前後に平均40％〜50％だったが、80年代後半には5％以下の水準まで引き下げられている（田村［2006］、13ページ）。なお、東京ラウンドでは、9つの非関税障壁について規約が策定された。規約の主な内容として、ダンピング防止規約の内容の一層の明確化・詳細化、全ての輸出国に対する輸入国の輸入許可手続きの公正化、ケネディ・ラウンドで未決着となった相殺措置対象となるべき政府補助金定義の明確化、恣意的な輸入品の関税評価額の操作を防ぐための関税評価基準の明確化、加盟国による輸入対象製品への明確な輸入規格の設定、などが指摘される。

1986年から第8回目の貿易交渉（ウルグアイ・ラウンド）が開始するが、この時期には、戦後の高関税率問題は一段落し、非関税面での保護主義が大きな問題となっていた。重要な交渉分野の一つは、農業問題だ。米国—ＥＣをはじめ各国間で利害対立が激化したが、最終的に、農産品について非関税保護措置を原則廃止し、全面関税化を規定し、また農業補助金を削減することなどで合意に達した。ダンピング防止規約改定も重要議題となった。輸入国が、国内産業保護のため、ダンピング防止関税を輸出国に適用するケースが、1960年代以降増え続けていた（田村［2006］、88ページ）。そこで、輸入品の客観的な製造コスト計算法や損害額の明確な見積法を規定することが合意された。貿易自由化により予想以上に輸入が増加し、国内産業に障害が生じた際、ガット第19条は、一定の条件の下で、

緊急措置として一時的な自由化義務の回避を認めている（＝セーフガード措置）。このセーフガードを濫用するケースが目立っていたため、措置発動時の条件をより明確に規定することが合意された。

　以上の他、繊維問題、熱帯産品、政府補助金、緊急輸入停止措置、など、交渉分野は年を経るごとに増々多様化していく。さらに、ガットに規定のないサービス貿易や貿易関連投資、知的所有権、などについても、検討された。

　第二次大戦の荒廃から世界が抜け出しはじめ、経済が安定化するにつれ、各国は貿易活動に目をむけはじめ、ガットへの参加希望国が増え始める。ちなみに、ガット体制出発時の参加国は、僅か23カ国だったが、WTO移行時には115カ国・地域へ、また2018年には164カ国・地域（加えて23のオブザーバー国）を数え、参加国・地域の貿易量は既に世界全体の貿易量の98％を占めるに至っている（WTOホームページ参照）。

　ガットの原則は、加盟国に貿易を拡大させ経済を活性化させる機会を与えたものの、戦後の貿易構造の質的、量的変化により、従来のガットの枠組みでは対応しきれなくなっていく。特に以下二つの点でガット運営上の支障が緊急課題となってきた。

　第1に、世界の貿易取引において、サービス商品、国際投資、知的財産取り扱いなど、ガットが規定していない分野での国境を超えたトラブルが、目立ってきた点だ。戦後の世界経済において、第3次産業の拡大が起きていた。その結果、サービス貿易が重要度を増してくる。さらには、国境を超えた投資額も増加し続けていた。このため、従来のガットが扱っていなかった新しいルールが必要となっていた。また、発明特許など知的財産の保護ルールの整備も必要になっていた。

　また、第2に、紛争処理システムにおいても改善の必要が生じていた点だ。ガットでは、紛争の判定は、全会一致を原則としたが、判定を不満とする国は判定合意に反対し、ガットの見解が成立しな

いケースが目立った。そもそも、国際協定としてのガットは事務局を持つだけの組織であり、紛争の判定にも法的拘束力を持たなかった。紛争処理決定に関してもガットの限界が浮き彫りになっていた。

　ウルグアイ・ラウンドでは、ガットにかわる国際貿易に関する国際機関を設立する案が審議された。そして、1994年4月のウルグアイ・ラウンド、マラケシュ会議（モロッコ）で124カ国・地域およびECの署名で、WTO（World Trade Organization, 世界貿易機関）設立が正式に採択された。その後、各国議会での批准を経て、1995年1月にガットは正式な国際機関としてのWTOへ発展的に移行した。

　WTO協定は、WTOを設立するマラケシュ協定とガット及び各貿易分野に関する付属書から構成される。付属書は分野毎に1〜4までの番号が付されている。付属書1はさらに1A、1B、1Cに細分されている。1Aは物品（財）貿易に関する多角的協定、1Bはサービス貿易に関する一般協定、1Cは知的所有権の貿易関連の側面に関する協定、付属書2は紛争解決に係る規則及び手続きに関する了解、付属書3は貿易政策審査制度、付属書4は複数国間貿易協定である。

　拡大してきた財以外の貿易課題、即ち、サービス貿易、知的所有権、貿易関連投資措置などについての協定を新たに設け、WTOの機能に加えたわけである。

　本稿では、特に重要と思われるサービス貿易分野、知的所有権分野、貿易に関連する投資分野、そして紛争処理に関する分野につき、その協定内容を見ておこう。

①「サービス貿易に関する一般協定」（GATS、General Agreement on Trade in Services）は、サービス貿易の自由化を念頭に、内国民待遇や最恵国待遇の適用を規定する。加盟国に対しては、予め自由化が可能な範囲を提示させ、それを約束させる形式をとる。その範

囲まで加盟国は、内国民待遇適、市場アクセスの制限禁止、最恵国待遇などを義務化させていく。

② 「知的所有権の貿易関連の側面に関する協定」（TRIPs, Agreement on Trade-Related Aspects of Intellectual Property Rights）は、知的財産権の保護基準を規定したものである。著作権、意匠権、商標、特許権、地理的表示、営業秘密などは、知的財産であり、その所有者の権利を保護することを目的とし、貿易取引上の最恵国待遇、内国民待遇の原則的適用を規定している。ただし、医薬品などは途上国にとって不可欠な場合がある。このため、TRIPs 成立時には、途上国側からかなりの反論が出され、途上国に対しては適用の特別な猶予期間や配慮などが設定された。農業、軽工業分野などでも自由化を進めることで、途上国側に歩み寄る姿勢もとられた。本来、TRIPs は途上国にとっては、国内政策上あまり歓迎されない協定といえるが、途上国、先進国側が譲歩を重ねる中で協定として成立にこぎつけたわけである （6）。

③ 「貿易関連の投資措置に関する協定」（TRIMs, Trade Related Investment Measures）は、直接投資に関連する投資自由化措置を規定し、貿易制限効果を排除する目的をもっている。内容としては、直接投資受け入れ国が進出企業に対し、原材料輸入や製品の輸出に関し介入を行うこと（ローカル・コンテントや輸入量制限、輸出量要求、規制など）への規制対応が中心となる。国際投資は、近年急増しているが、TRIMs はあくまでも貿易に関係する直接投資を対象としたもので、直接投資そのものは対象としていない。今後は、直接投資そのものを対象とした多国間協定を成立させることが必要となる。

④ 「紛争解決了解」（DSU, Dispute Settlement Understanding、正式に

はUnderstanding on Rules and Procedures Governing the Settlement of Disputes）は、WTO協定　付属書2に納められており、国際商取引に起因する紛争の処理手続きを規定している。

　従来、ガットにおける紛争処理の基本的手続きは、紛争当事国が協議し、解決策を模索することで、解決にいたらぬ場合、申し立てによりパネル（小委員会）が構成され審理された。パネルの結論が全会一致で採択を経て当事国に勧告するという経過を経るが、被申し立て国の反対で全会一致とならず、採択されぬケースも多かった（田村［2006］、226ページ）。また、採択された判断を被申し立て国が従わない場合も法的拘束力がなかった。一方、WTOにおける紛争処理では、紛争解決機関（Dispute Settlement Body）が常設され、一元的に対応する。まず当事者間の協議が行われ、解決に至らぬ場合、パネルが設置され、そこで審理が行われる。パネルの判断に、当事国が不承認の場合、DBSは「上級委員会」を設置、当事国はそこに申し立てを行い、同委員会が審理を行いうことになる。上級委員会が提出した報告書内容を覆すには、紛争解決機関で「全員一致の反対」（ネガティブ・コンセンサス）が必要となることが規定されている。「全員」には紛争当事国も含まれるため、結論が覆ることが事実上不可能となる。WTOの司法力が大きく強化された。

2-2　IMFの成立と機能

(1) IMF協定の締結
　自由貿易の下では国際貿易の活発化が期待されるものの、一方で、貿易赤字の拡大に直面する諸国が増えることが予想される。第二次大戦後の経済混乱期、大半の国では生産手段が崩壊しており、多くの物品は輸入に依存せざるを得ない。そうである以上、国際金融面の整備が不可欠となる。国際金融面から自由貿易を支えるための国際資金融資制度の検討が同時に行われるということになった。この

流れの中で誕生した機関が IMF（International Monetary Fund、国際通貨基金）である。第二次世界大戦の最中、連合国側の軸となっていた米国と英国が、国際収支不均衡国にいかに決済資金を供給するかを焦点に、1943 年から、協議を進めた。当時の米国側の代表は財務省の高官、H. ホワイト（H. D. White）、英国側代表は経済学者のケインズ（J. M. Keynes）である。米・英間の協議を基に練り上げられた後、1944 年 4 月に発表された声明が「国際通貨基金設置に関する専門家の共同声明」である（井川［1992］、30 ページ）。そして、同年 7 月に、アメリカ、ニューハンプシャー州の保養地ブレトンウッズ（Bretton Woods）で、45 カ国の参加による連合国通貨金融会議が開催され、前述の「共同声明」に会議で修正が加えられた後 IMF 協定として調印された（ブレトンウッズで調印されたことから、ブレトンウッズ協定と呼ばれる）。

　1945 年 12 月に IMF のクォータ（加盟国に割当られた基金への出資額）総額のうち、合計で 80% を超えるクォータを保有する 29 カ国により協定が批准され IMF 協定が発効し、1947 年 3 月から IMF の業務が開始された。ガット体制と IMF 体制は、戦前の保護主義、排他主義の反省の中から生まれたもので、ガットは貿易障害排除、自由貿易の推進を目標として、一方で IMF は貿易金融面での支援を目標として、出発することになった。

(2) IMF 協定の基本原則

　IMF 協定の目的は、第 1 条に明記されている。IMF は、この目的を指針として政策決定を行うことが規定されている。その第 1 条には、①国際通貨問題についての審議や作業を行う常設機関を通して国際通貨協力に取り組むこと、②国際貿易の均衡のとれた成長を促し、もって加盟国の雇用と実質所得の維持・向上に資すること、③為替の安定化や秩序立った為替調整を促し、為替操作を排除すること、④経常取引での多角的決済システムの確立や外国為替規制排

除の支援、⑤国際収支に問題を抱えた国に IMF 資金を貸与し、国際収支不均衡問題を軽減すること、などの国際機関としての諸目的が明記されている。以上の諸項目の実践を通して、IMF は、国際収支面での不安定期間を最小限にとどめることが求められた（第1条、6項）。IMF の目標の中でも、③の為替の安定化と秩序立った為替調整、そして⑤の国際収支に問題を抱えた国に IMF 資金を供給する、という2点は、戦後の国際通貨制度の運営上の最重要課題となっていた。そこでこれら2点をとり上げ、IMF の基本的機能を概観しておこう。

①為替安定化措置としての固定相場制度

　IMF は、第二次大戦前の慣行であった金の国際決済手段としての機能を認めた。そして加盟国が、金ないし米ドルを基準に固定相場を定めることとした。アメリカでは、1934年1月の金＝ドル価格安定化のため金準備法が成立する。これを受け、政府は、同年2月から海外通貨当局からの要請に応じて、純金1オンスを35ドルで交換する旨を公示した（柴田 [1996] 207 ページ）。この時の米ドル・金交換レートが基準となり、IMF 加盟国の為替相場が固定されることになった。また、為替取引は、固定相場の上下1％以内で行われることも規定された（第4条）。加盟国が固定相場を変更する場合は、基礎的不均衡（国際収支不均衡の建て直しが、景気の悪化など国内経済の犠牲の下でしか行えない状況にあること）を是正しようとする場合のみに限定される。固定相場の変更にあたっては、IMF に提議し、その変更幅が10％を超える場合は、IMF との協議が必要とされた（第4条）。

　固定相場制度において、各国の国民通貨の価値を表示するための基準となる通貨に選ばれたのは国民通貨の中では米国のドルのみであったが、これは第二次大戦直後の米国の強力な経済力とそれによるドルへの信頼性からであった。ちなみに、世界の工業生産に占め

るアメリカの割合は 1948 年に 45％を占めていた（浅羽 [1996]、22 ペ
ージ）。また、1948 年について、IMF の集計した世界の公的金保有
額（337 億ドル）のうち、アメリカの保有額（242 億ドル）の占め
る割合は、72％を占めていた (7)。唯一アメリカのみが、金と自国
通貨の交換に応じることのできる力を持っていたのである。

②決済手段の融資機能

　貿易のための決済資金融資機能としては、「一般引出権」と呼ば
れる仕組みが採用された。これは、貿易取引で決済資金に窮した加
盟国が、貿易収支尻の決済のため、外貨を一定限度まで IMF から
借入れ可能とする制度である。具体的には、①加盟国に対し事前に
割当てた資金（クォータ）を、IMF 内の基金に振り込ませる。②
IMF 加盟国は、クォータの 25％を米ドルまたは金で払いこみ、残
り 75％は自国通貨で払い込むことを原則とする。③ある国に経常
取引の不均衡で外貨不足が発生すると、IMF は基金を原資に、加
盟国が希望する外貨（この場合は、自由に交換可能な通貨、ハード
カレンシーを意味する）を貸出す。貸出（加盟国にとって借入）は、
加盟国が自国通貨を提出し、等価の外貨を受取る形式で行われる。
④加盟国の借入限度については、その国のクォータが基準となる。
借入額は、1 年間にクォータの 25％まで、そして累積では借入国通
貨の IMF の保有残高が、クォータの 200％を超えないことが規定
された（第 5 条）。加盟国はクォータの 75％を自国通貨で払い込ん
でいるため、借入国が他国の通貨を借入れることのできる累積限度
額はクォータの 125％となる。ただし、当該国の通貨が他国から引
き出され、当該国通貨の IMF 保有額がクォータの 75％を下回って
いる場合は、引出された分だけ、当該国の外貨借入限度は増えるこ
とになる。

　なお、1973 年 2 月から 3 月にかけての為替市場での主要国為替
市場での激しい投機売りをきっかけに、主要国は固定相場制度を

次々に放棄せざるをえなくなった。それ以来、事実上の変動相場制の時代が始まる。IMF も固定相場制度の停止を 1976 年に正式に承認した。また、国際決済手段として公認されていた国際通貨としての金の機能も、米国の公的金保有量の減少と 1971 年代以来の金＝ドル交換停止により、見直しに追い込まれる。1976 年に金の公定価格廃止を IMF は正式決定し、決済通貨としての金の役割は終わった。固定相場制度停止、金の廃貨の動きがあったものの、IMF の国際収支支援業務や緊急時の融資制度、さらには国際金融システムの監視機能が停止したわけではない。1970 年代以降も加盟国の国際収支均衡化支援、国際金融システムのサポート役としの機能は以下で見る通り、維持、強化され続けている。

(3) IMF の国際金融機能強化策

　IMF の融資制度についてみると、IMF 業務開始時から 1950 年代前半にかけて、活動状態は当初の予想を裏切り低調だった。これは、業務開始当初、IMF がかなり厳しい審査体制を敷いたこと、そして、マーシャル・プランの被支援国（欧州諸国）が、IMF からの借入を制限されたこと、などが背景にある（井川 [1992]、33 ページ）。

　しかし、1950 年代後半から、IMF の融資活動は活発化する。これは、マーシャル・プランが終了したことに加え、IMF が 1952 年に、クォータの 25％までの融資について事前審査を省いたこと（田中 [1998]、57 ページ）、また加盟国に融資可能枠を与えるスタンド・バイ取極めの制度を導入するなど、IMF が融資姿勢を緩和させた点が影響している。

　その後、戦後の世界的な経済復興の進展と、経済規模の拡大が進む。IMF 融資への依存度の高まりから IMF の資金不足を懸念する声も高まり、1962 年には、IMF に一般借入取極め制度（GAB）が導入された。これは、IMF が主要 10 カ国とスタンドバイクレジットの取極めを結んでおき、必要な際、機敏に外貨を借入れる仕組み

だが、これにより、60億ドル規模のIMFの資金増強が図られた。

　IMFは、1963年から、不安定化しはじめたドルに代わる新準備資産創出について検討を始め、その結果、1969年に第一次IMF協定改定を行い、SDR（特別引き出し権、Special Drawing Right）発行制度を創設した。SDRとは、国際決済通貨（事実上、金とドル）の補完を目的にIMFが発行し、各国のクォータに比例して加盟国に配分される準備資産である。配分を受けた国は、国際収支の不均衡時に、他の加盟国にSDRを渡し、交換に「ハードカレンシー」を受け取る。つまり、SDRは、国民通貨とは異なり、加盟国政府が使用する「通貨提供請求権」といえる（岡村編［2009］、194ページ）。1SDRの価値は、その創設時に1ドルと等価に設定された。しかし、1974年から主要16通貨の価値で構成されることになった。SDRの価値の構成通貨はその後何度か組み替えられたが、2016年10月からは、米ドル、ユーロ、人民元、円、英ポンドの5通貨で構成されている。

　SDRの配分は、これまで4回行われている。最初の配分は、70―72年の期間中に計93億SDR、2回目は、78年―81年の期間中に計121億SDRが配分された。3回目は、世界的金融危機を受け巨額となり、2009年8月に1612億SDRが配分され、さらに2009年9月に特別配分として、215億SDRが配分されている（IMFホームページ2010年2月11日付けより）。

　IMFの融資機能は、1973年と1979年の2度にわたり発生した原油価格の高騰をきっかけに変化してくる。石油価格の上昇は、価格全体の変化をもたらし、非産油途上国経済を直撃する。1980年代に表面化した累積債務問題に見る通り、途上国の国際収支不均衡は深刻化する。

　IMFは、その出発時において、ある程度工業力を備えた諸国を対象に短期融資を行うことが想定されていた。しかし、70年代、80年代にかけて資源価格高騰により途上国の国際収支不均衡が目

立ってくる。このため、この時期から融資形態が途上国向けの中期貸出に重点が移りはじめる。ちなみに、1975 年時点で先進国への IMF 貸出残高は 35 億 SDR あったが、1980 年代後半には貸出残高は無くなっていた。一方、1975 年に 40 億 SDR だった途上国向けの貸出残高は、1990 年に 200 億 SDR 強に達していた（井川 [1992]、14 ページ）。この時期にとられた融資拡大措置をみると、1974 年には、中期的信用供与に対応した拡大信用ファシリティが導入され、1975 年から融資を実行している。1980 年には、融資限度が従来のクォータ比 200％から 600％へ引き上げられている（大田 [2008]、22 ページ）。また構造的問題に対し中長期資金を提供するため 1986 年に構造調整ファシリティ、1987 年に拡大構造調整ファシリティが導入されている。なお、これらの機能は、1999 年に貧困削減・成長ファシリティに受け継がれている。

　1990 年代以降、国際金融市場では、途上国発の資本収支危機が続発する。1996 年、IMF は世界銀行との協力で、債務を抱えた低所得国支援のため拡大重債務貧困国イニシアティブを導入。また、2006 年には、自然災害などの外部的要因による国際収支問題を抱える途上国向けに外生ショック・ファシリティを導入した。2009 年の米国発の金融危機の際には、短期的な危機に見舞われた中進国クラスを対象としたフレキシブル・クレジット・ライン、低所得国向け中長期支援策としての拡大クレジット・ファシリティ、スタンドバイ・クレジット・ファシリティ、ラピッド・クレジット・ファシリティなど、国際収支支援融資プログラムが、相次いで導入されている。

　1960 年代まで、IMF の融資は、主として経常収支不均衡が対象だった。しかし、資本移動の自由化をきっかけとする資本流出による外貨不足は、IMF の重要な融資支援対象となっている。資本流出に直面する場合、途上国が受ける経済的影響は、民間金融市場への依存が限られている以上、先進国よりも遥かに大きい。従って、

IMF は、途上国の構造変革に要する時間を考慮し、融資期間をより長期のものへと転換させてきている。

2-3　国際協調体制の安定化の模索

　国際協調を前提に自由貿易を牽引して、世界経済の安定化を実現させていくことが、ガットや IMF の追求したことであった。世界の GDP 総額に占める輸出総額の割合は、WTO の公表統計によると、1950 年に 5.5％だったが、2005 年には、19.4％、2015 年には22.2％まで高まっている。また、WTO 統計によると、世界の実質ＧＤＰは 1950 年から 2017 年の間に年率で 3.5％増加した。一方、数量ベースでみた輸出は同じ期間、同 5.5％で増加している。活発な貿易活動が世界全体の経済を牽引してきた姿がうかがえる（WTO International Trade Statistics より）。これは、戦後の自由貿易を求めるガット・WTO 体制、IMF 体制の効果といえるだろう。

図表 2-1
世界の輸出指数と GDP 指数の推移

2005年=100

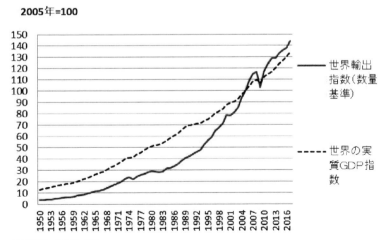

統計出所：WTO 統計

しかし現在の WTO や IMF の運営に対し反発の声があがっていることも事実である。実際、現在膠着状態の WTO ドーハ・ラウンドについては、2001 年のラウンド開始時は、最終合意目標時期が2006 年に設定されていた。しかし、農業、非農業市場アクセス、知的所有権、紛争処理手続き、環境分野など高度で複雑な国際交渉が対象となったラウンドは、結局、最終合意に至らずに交渉が行き詰まり状態に陥ってしまっている。特に、農業品に関する調整では、途上国・先進国の間に深い溝が生まれてしまった。

　IMF についても、その融資方法をめぐり、批判の声が高まり「IMF 不要論」が叫ばれた時期があった。IMF は創設以来、借入国に対し、融資実行に際しては、緊縮財政、内需抑制策、資本市場の開放策などの厳しい政策対応を課してきた。IMF の融資申請国に対するコンディショナリティである。このコンディショナリティに対して 1990 年代に激しい反発が起きたのだ。この時期、中南米や東アジアなど途上国で金融危機が続発した。資金融資を申し込む危機発生国へ、IMF は厳しい緊縮政策や徹底した構造改革などを融資条件（コンディショナリティ）として課した。借入国の中には無理な緊縮政策で経済が一段と悪化し、国内不満から暴動が発生したケースもあった。借入国側はコンディショナリティに強い不満を抱いたが、一方で IMF 資金に依存しない先進諸国は借入国に課すコンディショナリティは、融資機能を保証する IMF の「予防的手段」として支持した（McQuillan and Montgomery［1999］、邦訳 69 ページ）。こうして、1990 年代以降、加盟国間で IMF の融資対応につき、論争が沸き起こった。途上国からは、IMF からの融資を回避する動きがではじめ、2000 年代に入り IFM 融資の動きが低調となった時期もあった。

　ガット・WTO、IMF は戦前の失敗を回避すべく、戦後一貫して、保護主義を排除する自由貿易と、国際収支不均衡国への信用供与、これら 2 つの制度確立を旗印に、第二次大戦後の世界経済の立て直

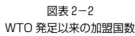

図表 2-2
WTO 発足以来の加盟国数

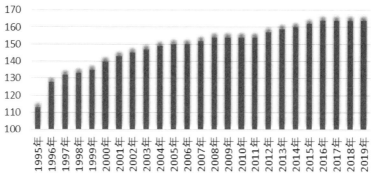

統計出所：WTO

しに大きく寄与してきた。自由な国際経済交流そして国際社会の安定的発展を目標とする WTO や IMF の存在感に陰りがではじめていることは否定できない。

　ただし、WTO についてみると、発足の 1995 年以降も加盟国数は着実に増加しており、2000 年に 140 カ国、ドーハ・ラウンドが行き詰まりとなっている 2010 年に加盟数は 154 カ国へ増えている。2019 年末時点で 164 カ国が加盟国となり、加えて 24 カ国がオブザーバーとして加盟承認を待つ状態である。また IMF に関しても、その加盟国数は、創設時 1944 年 7 月の 44 カ国から 2020 年 4 月時点で 189 カ国まで増加しているのだ。前述した通り IMF の融資対応を嫌気し途上国から IMF 依存を回避する動きが出たが近年では再び IMF 融資への依存が高まってきている。2019 年末の IMF の信用供与残高は、735.4 億 SDR、残高が最低水準まで落ち込んだ 2007 年末は僅か 98.3 億ドルだった。IMF 融資活動は大きく回復してきている。公平で自由な世界貿易体制の実現を目標に掲げる WTO や IMF への各国の期待が後退したわけではないのだ。加盟国の参加数増加は望ましいことではあるが、参加者増加が、一方で

利害の複雑化を生み出してしまう。こうしたジレンマをいかに乗り越えていくかが、ガット・WTO 体制、IMF 体制の大きな課題となっている。いずれにせよ、WTO や IMF が戦後長い期間にわたり支えてきた国際協調体制が、現代のグローバリズム進展の基盤となってきたことは間違いない。

2-4　国際協調体制を補完する地域経済統合（RTA）

　国際協調体制は国際社会が、自由で公平な経済取引の中で、利益を共有しあい、世界経済の発展を遂げていくことを目指すものである。しかし、この体制へ参加する国の数が増えるにつれて、利害の対立が目立ち始めてきた。国際協調体制の弱点ともいえる、こうした部分をいかに調整し、体制を補強していこうとしているのか。この点に関し、国際社会の動きをみておこう。

　その解決の糸口として見えてきたのが、地域経済統合（Regional Trade Agreements、以下 RTA）の動きである。RTA は、簡略的に経済統合と呼ばれているが、2 つ以上の国家・地域が、国際協定を経て、貿易や投資などの自由度を増し、市場を統合させるために当事国間で署名される国際協定である。RTA には、貿易形態の多様化を反映し様々な形態のものがあり、RTA が他の RTA と結合するようなケースを含め 1990 年代以降、WTO の交渉停滞を補うように、RTA 成立件数は増加している。地球全体を網羅する WTO 型の国際合意は難しくとも、まずは限定地域レベルで国際合意出来るところから出発し、地域型の自由貿易体制を実現させたいという国際社会の意欲の表れである。

　WTO の存立根拠となるガットの条文では、加盟国間の差別なき貿易体制確立を目標としているが、経済事情の違いから例外として特定国間の経済協定を認める旨が明記されている。ガットは戦前とは異なる性質の地域経済協定の成立をむしろ前向きにとらえている

のだ (8)。この背景から、地域統合の件数は増加を辿り、また統合のありかたも多様化している。

　ハンガリー出身の経済学者 B. バラッサは 1960 年代初頭に、地域経済統合が一定のパターンをもって拡大し、進化していくと指摘している (9)。バラッサが経済統合プロセスを予想した 1960 年代初頭は、国際貿易の中心は財取引であり、サービス貿易や国際資本取引は重要視されていない時期であった。この結果、想定された商取引形態、国際経済の構造は現代のものとは大きく異なり、バラッサが想定した RTA の進展のプロセスとは大きく異なるものとなっている。ただ、地域経済統合が重要な存在となっていく点をこの時代において、既に指摘していたという点は注目に値する。

　ここでは、WTO が分類する RTA の 4 つの基本的形態について説明しておこう。

　最初に、ガットが 1947 年の条文内で、貿易の自由化を進める意図から、無差別主義の原則の例外項目として締結を認めている 2 種類の自由貿易協定を挙げよう。1 つが FTA（Free Trade Areas、自由貿易地域、以下 FTA）」、他の一つが CU（Customs Unions、関税同盟、以下 CU）」と呼ばれるものである (10)。なお、ガットは第 24 条でこれら 2 形態を「関税地域」と呼称している。

　FTA は、「関税その他の制限的通商規則がその構成地域の原産の産品の構成地域間における実質上のすべての貿易について廃止されている二つ以上の関税地域の集団を言う」（第 24 条 8 項（ b ））。一方、CU とは、「関税その他の制限的通商規則を同盟の構成地域間の実質上のすべての貿易について、又は少なくともそれらの地域の原産の産品の実質上の全ての貿易について、廃止すること」。そして「同盟の各構成国が、実質的に同一の関税その他の通商規則をその同盟に含まれない地域の貿易に適用すること」（第 24 条 8 項（a）) として規定している。つまり、FTA については、垣根のない

自由貿易を行う地域を想定したものである。CU は、統合をさらに進化させ FTA 地域外との通商条件を FTA 諸国が共通化させた統合形態なのである。従って、CU の各国は、非同盟国に対し共通の関税率を適用することになる。CU は、FTA よりも統合を前進させた形態である。但し、保護主義には注意が払われており、FTA、CU の構成国は、非構成国に対し、これらの協定締結以前に適用していた関税や通商規則以上に制限的な貿易障壁を非構成国に適用することはできない旨をガットは定めている（24 条 5 項（a））。

　以上でみた 2 形態のほか、3 つ目の形態として、1970 年代に入り規定された PSA（Partial Scope Agreement,「部分的自由貿易協定」以下 PSA）が指摘される。ガット体制においては、途上国の自由貿易への参加は重要課題の一つであるが、途上国対応として、1970 年代に入り、最恵国待遇原則の「義務免除措置」を適用し、欧州、日本、米国が特恵関税制度（最恵国待遇を例外化し、相手国に有利な貿易措置を講じる）を導入しはじめた。この流れの中で、1979 年 11 月に、ガットは「授権条項（Enabling Clause）」を加盟国に公示した。授権条項は、東京ラウンドでの協議を受け、途上国に対し、より有利な通商上の優遇措置を与える旨を明記した内容である。この条項に基づき、ガット第 24 条で規定された「CU 関税地域」構成国に課された通商上の義務が、途上国に対しては適用除外できることが明確化され、途上国の地域統合参加を促していった。従って、PSA は、ガットに対応し、授権条項を含んだ上で結ばれた地域諸国間の自由貿易協定を指す。このため、本来の地域貿易協定とはタイプが異なり、自由貿易の度合いは相対的に低いが、FTA など既存の経済協定の加盟国が新たに PSA にも参加するというケースもみられ、地域経済協定の裾野の拡大に寄与している。

　4 つ目の地域統合形態が、EIA（Economic Integration Agreement、経済統合協定、以下 EIA）である。1995 年の WTO 発足時、サービスの貿易の促進と自由化を目的に「サービス貿易に関する一般協

図表 2−3
RTA の形態別累積件数（2019 年 7 月時点で発効している協定数）

FTA	CU	PSA	EIA	FTA と EIA の 混合型	CU と EIA の 混合型	PSA と EIA の 混合型	合計
107	15	27	1	145	5	1	301

統計出所：WTO RTA DATABASE 2019 年 8 月取得データにて作成

定」が WTO 協定内に附属書として取り入れられ、自由貿易の拡大
に向け重要協定として稼働し始めた。その協定の第 5 条では、サー
ビス貿易に関して特定国間での EIA の締結が認められた。ただし、
保護主義的統合を避けるため、サービス貿易に対する通商上の障害
が、非加盟国に対し EIA の発効以前の水準よりも、制約的なもの
になることを排除している点は、ガット第 24 条と同じである
（GATS 第 5 条 4 項）。

　以上、現代型 RTA は大きな枠組みとして、FTA、CU、PSA、
EIA の形態に分類される。ただ、RTA の基本型は 4 つだが、現在

図表 2−4
発効中の RTA の件数（累積件数（1948 年— 2019 年、
2019 年 7 月末現在値 統計出所：WTO RTA DATABASE））

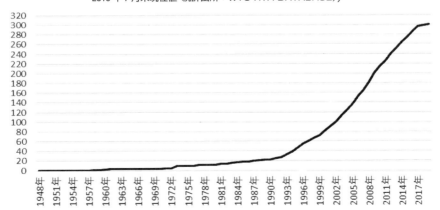

では、2つ以上のタイプの異なる RTA が結合するというケースが
増加しており、地域統合は状況に応じて、形態を多様化させて拡大

図表2-5
日本の RTA（発効済）の現状　（2019 年 8 月現在）

提携相手地域・国		統合形態	発効年月
アジア地域	シンガポール	FTA+EIA	2002 年 11 月発効
	マレーシア	FTA+EIA	2006 年 7 月発効
	タイ	FTA+EIA	2007 年 11 月発効
	インドネシア	FTA+EIA	2008 年 7 月発効
	ブルネイ	FTA+EIA	2008 年 7 月発効
	ASEAN	FTA	2008 年 12 月発効
	フィリピン	FTA+EIA	2008 年 12 月発効
	ベトナム	FTA+EIA	2009 年 10 月発効
	インド	FTA+EIA	2011 年 8 月発効
	モンゴル	FTA+EIA	2016 年 6 月発効
アジア・太平洋地域	TPP11（環太平洋パートナーシップに関する包括的及び先進的な協定）	FTA+EIA	（注 2）
大洋州地域	オーストラリア	FTA+EIA	2015 年 1 月発効
中南米地域	メキシコ	FTA+EIA	2005 年 4 月発効
	チリ	FTA+EIA	2007 年 9 月発効
	ペルー	FTA+EIA	2012 年 3 月発効
ヨーロッパ地域	スイス	FTA+EIA	2009 年 9 月発効
	EU	FTA+EIA	2019 年 2 月発効

データ：経済産業省：対外政策 WEB サイト、WTO　HOMEPAGE から作成（2019 年 8 月付け）（注1）本表内の RTA は、経済産業省が経済連携協定と呼ぶ国際協定をさす。なお、同省ホームページ内に掲載されている「投資協定」は本表には含まれていない。　（注 2）2019 年 8 月時点での TPP11 の発効国は、メキシコ、日本、シンガポール、ニュージーランド、カナダ、オーストラリア、ベトナム 7カ国。

36

してきている。図表2-4は、WTOの集計する世界のRTAの動向を示したものである。1990年代に入り急速に増加している点が理解されよう。

　世界レベルでグローバル化経済の進展、商取引の自由化、国際交流の深化が進み、現実に商取引量が増加してくると、関係国間の利害の不一致や経済摩擦問題が浮上してくる点も避けられない事実である。それぞれ状況の異なる多くの国に、一括して同じ商業ルールを被せても、異論が出るのは避けられなくなる。これが、国際協調体制が抱えるジレンマである。

　こうした中で、地理的条件や経済構造の視点から相互にメリットが予見されるパートナーを見つけ、貿易の利益を見つけ出す努力は、現在の国際協調体制のジレンマからの突破口となることが期待される。実際、我が国も、RTAを重要な経済政策の一つと位置付け、海外との交渉が進展している最中にある（日本のRTAに関する動きについては、図表2-5を参照）。今後の地域統合に向けての動きは注目される。

　地域統合に向けての協定の多くは、ガットさらにはWTOの自由貿易にむけての基本原則を踏襲したものとなっている。RTAは国際協調体制の補完しており、今後のグローバリゼーションの進展のサポート要因として、大きな役割を担っていくといえよう。

3章　国際経済グローバル化急加速の要因

　現代のグローバリゼーションの進展の堅固な基盤の役割を果たしたのが、ガット・WTO、そして IMF を軸とする戦後の国際協調体制であり、この体制が第二次大戦後の国際経済のグローバル化進展の基盤を築いてきた。

　2章、図表2-1で見る通り、世界の総輸出指数（数量基準）は90年代に入り伸びに弾みを得ている。また、後述の4章、図表4-2で紹介する通り、直接投資も90年代後半以降増加テンポが加速している。

　近年において、国際経済のグローバル化の速度に拍車をかけた要因は何か。この点で世界に起きた二つの大きな出来事を指摘しよう。一つは冷戦時代の劇的な終結、二つ目に米国が起爆剤となった情報革命である。以下でこれら2点の概要を記してみよう。

3-1　冷戦体制の終結

　第二次大戦直後から国際政治の流れを整理しておこう。第二次大戦終結後、殆どの国家は生産手段を焼失し、世界の経済は混乱状況下に置かれた。その中、国際社会の平和と安全の維持を目的に、1945年6月、国際連合設立に向け、サンフランシスコで51カ国が国際連合憲章の署名にのぞんだ。

　ただ、複雑な国際政治の絡みの中で、国際連合が成立した後でも、大国の利害の対立を排除することはできなかった。自由主義陣営のアメリカや西ヨーロッパ諸国は、ソ連への対応措置として、国際軍

事同盟、大西洋条約機構（NATO）を1949年に結成した。これに
対抗し、ソ連は、東ヨーロッパの共産圏陣営に呼び掛け、1955年
にワルシャワ条約機構を結成した。東西間に冷風が吹く中、
1950年には、朝鮮半島で、北緯38度線をはさみ韓国、北朝鮮間で
「朝鮮戦争」が勃発している。これは、米国と旧共産主義陣営間の
代理戦争の姿を呈するものとなり、東西間陣営の対立構造が鮮明とな
った。欧州では、1961年にベルリンが東西に分断され、いわゆる
「ベルリンの壁」が築かれ、東西ドイツ市民の交流が遮断された。
次いで、1962年秋、キューバに建設された対米戦略用のソ連核ミ
サイル基地の存在が明らかとなり、米国はキューバ近海で海上封鎖
に乗り出し、米ソ対立が一挙に緊張化した。いわゆるキューバ危機
である。1969年には、ソ連主導によるワルシャワ条約機構軍のチ
ェコスロバキアへの侵攻（プラハの春）、1979年のソ連によるアフ
ガニスタンへの軍事介入などが続き、米国を中心とした西側資本主
義陣営と、東側社会主義陣営間の東西冷戦対立は深まる一方となっ
ていた。

　中国では、1945年6月に毛沢東が共産党中央委員会主席に就任し、
以来1976年のその死去に至るまで中国トップの座に君臨し続け、
西側諸国との対立関係を貫いた。ちなみに、1950年勃発の朝鮮戦
争時には、25万人もの義勇兵を朝鮮半島に送り込み、米国と対峙
させた。また1960年代、ベトナム戦争時でも社会主義イデオロギ
ーのもと、北ベトナムを支援し、反米・反自由主義の姿勢を貫いた。
国際協調体制の時代を迎えていたものの、自由貿易を世界レベルま
で広げることが、「冷戦体制」によって妨げられていた。

　世界の東西対立に変化を引き起こしたのが、毛沢東体制後の中国
の変化である。1978年12月の中国共産党中央委員会を経て、改革
推進の鄧小平体制が確立、同体制の下で中国がマルクス主義から決
別し改革開放路線への転換が明確となる。鄧小平は国家体制の近代
化を標榜し、中国内で暮らしが向上できる条件を整えた地域から、

市場経済導入によりまず豊かになっていく。そして、その地域の経済的効果により、後発の地域を開発していくという思想（先富論）を展開する。改革開放路線に従い、中国沿海の諸都市が開放都市として選定され、対外的な市場開放政策が進められることになる。国際政治の面でも、1979年1月、中国政府は米国と外交関係を樹立させている。

　中国の政策転換は、国際社会に大きなインパクトを与え、周辺アジア諸国はもとより、経済の頭打ちに苦悩する東側諸国に経済開放に向けての強いモチベーションを与えた。まず、中国近隣の東アジア諸国は、巨大国家、中国の変化にすぐに反応、経済開放政策に弾みをつけた。シンガポール、タイ、フィリピン、マレーシア、インドネシアなどアセアン諸国は競って市場開放を加速させる。社会主義を標榜するベトナムも、1986年の共産党大会で、市場の対外開放と市場経済政策の導入を採択し、従来の社会主義経済体制の見直しに乗り出した（ドイモイ政策）。アジアの対外開放、市場経済化の潮流は、欧州大陸まで伝播する。ゴルバチョフが共産党書記長に就任したのは1985年で、低迷する経済状況からの脱出を念頭に、共産主義の枠内での経済自由化を模索し始めていた。ちなみに、同書記長は、1987年に著作、「ペレストロイカ（再構築）」を公刊し、長引く経済低迷を打破するため経済改革への方針を世界に示していた。旧体制の枠内で続けられた改革は経済を本格的に上向きにすることができず、1980年代に国民の生活への不満はつのるばかりだった。市場経済システムを求める国民の声が高まる中、1991年12月、15の独立国に解体される形で、ソビエト社会主義共和国連邦（ソ連）と計画経済システムは崩壊した。

　ロシア共和国から改名したロシア連邦の初代大統領に、市場経済化推進派の旧ロシア共和国大統領だったエリツィンが就任した。一方、東ドイツでは、1989年に共産党指導者が辞任、1990年10月、永く分断されていた東西ドイツ統一が実現した。冷戦構造時代、米

国と競ったソ連体制はこうして消失した。1991年8月には、ワルシャワ条約機構が解散し、その後、東欧諸国は、次々に社会主義から市場経済化の路をたどることになる。

1994年、ブルガリア、ポーランド、ルーマニアなど東欧10カ国が、NATO（北大西洋条約機構）と「平和のためのパートナーシップ（Partnership for Peace)」に署名したが、それを機に、チェコ、ポーランド、ハンガリーなどNATOに加盟する東側諸国が続出する。ロシア・ベラルーシ・ウクライナ・モルドバを除いたすべての旧ワルシャワ条約加盟諸国は、西欧圏に参入した。東欧諸国が市場型経済体制に向かい、世界を二分していた東西軍事対立の枠組みが消えていったのである。

これにより、世界から大国間の対立構造が消失したわけではない。ロシア、中国、米国をはじめとする大国による覇権主義の構図は今

図表3−1
東西冷戦緩和の流れ

1978年12月	中国、鄧小平体制が確立
1979年1月	中国、米国と国交樹立
1985年3月	ゴルバチョフ、ペレストロイカ路線を打ち出す
1986年	ベトナム、ドイモイ政策開始
1989年11月	ベルリンの壁崩壊
1991年7月	ワルシャワ条約機構解散
1991年12月	ソビエト連邦崩壊、ロシア連邦として再編成
1991年7月	ワルシャワ条約機構解体
1994年	東欧10カ国が、NATOと「平和のためのパートナーシップに署名
1999年	チェコ、ハンガリー、ポーランドがNATOに加盟
2001年12月	中国　WTO加盟
2004年	エストニア、スロバキア、スロベニア、ブルガリア、ラトビア、リトアニア、ルーマニアがNATO加盟
2009年	アルバニア、クロアチアNATO加盟

も続く。また、国家利害を反映した対立、民族主義的、宗教的な対立も各地に散見される。ただ、イデオロギーが前面に打ち出された東西二極対立の構図が消え、その結果、さまざまな国際経済交流への阻害要因が取り除かれてきたことは事実である。少なくとも、経済面においては、冷戦時にみられた二大陣営相互の隔壁は除去されつつあり、ヒト、モノ、カネの移動制限は緩和され、地球レベルで経済活動に対し国境意識を薄める素地が確立されつつある。こうして、グローバリズムの進展、さらには国際貿易活動を促す「弾み」を国際社会は手に入れたといえる。

3-2 情報化社会の幕開け

　国際政治環境が変化してきた同じ時期、世界の情報システムに大きなインパクトを与える科学技術の大変革が起きた。いわゆる IT（Information Technology）の飛躍的進展である。この変革は情報通信革命「IT 革命」と名付けられ、その後グローバリゼーションの進展を加速させる要因となっていく。IT 革命は、世界経済の生産性を大きく高め、情報伝達の概念を変えた。それは、国内間はもとより、国際間の地理的な距離感覚を著しく縮める結果をもたらした。

　スコットランド出身のアレクサンダー　G.ベルが電話の特許を米国で取得したのは 1876 年。以来、遠隔地間を結ぶ通信技術は大きく発展し、19 世紀後半から 20 世紀初頭にかけての米国産業革命の進展に大いに貢献した。通信技術の発展は、生産活動の効率化の実現には不可欠な要素といえる。

　さて、IT 革命の起源は、コンピュータを用いたネットワーク構築の技術研究が米国で本格的に開始する 1960 年代まで遡る。この時期、米国では、国防省、エネルギー省、NASA などが軸となり、コンピュータを用いた情報通信技術の開発に本腰を入れ始める。この研究は着実に進み、1986 年には、当時上院議員だったアルバー

ト・ゴア氏が、高速スーパーコンピュータ・ネットワーク構築促進を目指し「スーパーコンピュータ・ネットワーク研究法」を議会に提出した。その後、「高性能コンピュータ法案 High Performance Computing Act」（HPCA）も提出され、1991年末に議会を通過、制定されている (1)

コンピュータと情報通信を絡ませた広帯域通信技術の開発が、政策目標となり一挙に進展するのは、1993年、民主党、ビル・クリントンが大統領に就任してからである。第42代として大統領職に就いたクリントン大統領（元アーカンソー州知事）は、情報通信技術を他国に先駆けて重点投資をしていく確固たる姿勢を国民の前で約束した。クリントン大統領の補佐役として副大統領に就いたのが、前述アルバート・ゴア氏である（クリントンのもとで2期8年間、副大統領職を務める）。クリントン政権は、ゴア氏の持論である情報スーパーハイウェイ構想の実現を国民に約束し、ハイテク、情報通信重視の産業育成と民間投資の活力利用を標榜し、情報通信ネットワークを構築し、大量情報が瞬時に米国全土を移動する情報ハイウェイを作り上げることを経済政策の最重要目標として掲げた。

クリントン政権は、1993年9月に、NII（National Information Infrastructure）行動アジェンダを公表する（全米情報基盤）。情報基盤には、情報伝達・保存・処理のための物理的手段（ＰＣ類、光ファイバー、衛星など）のみを指すのではなく情報そのもの、ソフトウェア、ネットワーク、さらには人材、情報関連企業が含まれる。こうしたハード、ソフト情報基盤を政府機関、産業界、労働界、学界などが来る21世紀に向け、協力し推し進めるというのが、NII構想である。この構想の推進過程で、政府は通信事業改革（ＣＡＴＶや地域電話事業への新規参入促進）、通信事業への民間投資誘致、投資推進を念頭にした税制改革、通信情報技術支援、産業技術開発に関する知的財産権の保護などに努める。構想実現により、新規雇用創出、先端技術の優位性の確立、電子商取引の拡大、産業生産性

向上、遠隔医療の実現、産業における生産性向上、研究活動・教育の効率化、政府の低コスト化、市民ネットワークの確立などを念頭に置く。NII 行動アジェンダには、こうした内容が盛り込まれた。これは、「情報スーパーハイウェイへの政府の取り組みがはじめてまとめられた文書である」（アルバート・ゴア［1994］226 ページ）。

　米国政府は、1994 年 1 月に、NII 諮問委員会を立ち上げ、また 1994 年 9 月には「NII 進行状況報告」を公表。NII 行動アジェンダの進行状況を説明し、国民に情報スーパーハイウェイの実現性を国内にアピールした。また、国外にむけても、NII 構想を積極的にアピールし、技術協力、海外民間投資を誘いこんでいる。

　さらに、96 年には、通信法（Telecommunication Act of 1996）が施行された。米国では、1934 年立法の通信法により通信・放送事業は長期間大きな規制緩和にさらされることなく、守られてきた。しかし、1984 年に規制緩和に異を唱え続けた AT&T が分割され、業界内の規制緩和が検討され始めた。そして、クリントン政権期に入り、96 年通信法が成立し、通信業界は本格的な規制緩和時代をむかえることになった。この法律の目的は、既存の地域電話事業と長距離通信事業者の相互の事業参入、CATV 事業への参入障壁の引き下げなどによる、通信・放送事業者の競争促進、そして学校、図書館、病院など公共機関を結びつける情報ハイウェイの実現促進（政府は、当時 10 年内の実現を目標に掲げたが、実際には遥かに早期に実現している）などである。1990 年代における、米国における情報通信事業拡大促進策は、その後目覚ましい勢いで様々な情報事業関連企業を生み出し、関連企業のビジネスを拡大させていったことは、歴史に見る通りである。

　情報産業育成に重点を置く産業政策により、1990 年代の米国経済においては、コンピューター関連の情報産業の成長が著しく進展し、情報伝達の効率化が進む。このことは、米国産業全体の生産性を高める結果をもたらした。1980 年代までの米国の経済には、常

に高失業率が課題となっていた。1971 年〜 1980 年の平均失業率は、
6.4％、1981 年〜 1990 年の平均失業率は 7.1％だった。国内の雇用
確保は政権にとって常に重要課題の一つとなっていた。クリントン
政権成立後、この経済状況に目覚ましい変化が起きている。クリン
トン政権直前の 1992 年の 7.5％をピークに、失業率は低下傾向に
転じ、政権最後の年、2000 年に 4.0％まで低下している。

　米国経済における情報通信産業の拡大と景気拡大テンポの加速は、
世界の関心を引き付けた。世界中で、IT 分野での投資が加速し、
世界各国において「IT 革命」を拡散させた。

　インターネットを通し必要な情報を、即座に世界のいたるところ
に届けることが出来るようになった。情報伝達の効率化は、運輸、
物流、金融など、さまざまなビジネス活動を飛躍的に効率化させた。
そして今日では、IT は、AI（Artificial Intelligence）と呼ばれる新
技術に到達している。国境を越えての、人的、経済的結びつきが強
化され、グローバリズムを進展させる大きな要因となったわけであ
る。

4章　グローバル化進展下の現代国際貿易の特徴

　グローバリズムの進展は世界の結びつきを促し、また国際経済の構造をも変化させてきた。前章では、グローバリズムの進展の基盤となった要因を解説するとともに、グローバリズムの進展に伴ってのガット・WTO や IMF による国際協調体制の維持・発展に向けての諸対応も概観してきた。次に本章では、グローバリズムの進展の中で、国際経済がどのように変化してきたのかを確認してみよう。

　現代の国際経済の流れを眺めてみると、国際貿易が従来のパターンから姿を変える大きな変化期に入った点に気付く。この国際貿易の顕著な変化こそ、現代貿易の特徴ということができる。ここで具体的に、三つの特徴的変化点を指摘したい。第1点は、既に繰り返し述べた点だが、貿易量のこれまでにない急速な伸長。第2点は、貿易の中でも、サービス貿易が大きく伸びてきたこと。そして第3点は、直接投資が大きく拡大してきた点である。戦後、ガット・WTO や IMF は、国際貿易の安定的発展に向け力を注いできたが、この国際貿易において、大きな変化期を迎えているわけである。これら三つの変化は、グローバリズムの進展とともに生成した経済現象であり、現代の貿易体制の特徴と呼べよう。以下では三つの特徴を詳細するとともに、グローバル化進展の中での国際貿易の今後の方向性を探ってみたい。

4−1　グローバル化進展下の世界貿易の急速な拡大

　グローバル化が進展する中、国際貿易量が従来経験したことのな

いテンポで拡大している点を、現代の貿易の特徴点としてまずとり
あげよう。

　図表 4−1 は、IMF の公表データをもとに作成した世界の輸出総
額（FOB 価格基準の財輸出のみの集計）の 1950 年から 2018 年まで
の推移である。この図表に見る通り、幾分の変動は見られるものの、
総じて力強い右肩上がりの拡大貿易量の推移が読み取れる。この上
昇基調は 1980 年代に入りはじまり、とりわけ 2000 年代以降目立っ
たものになっている。

　この貿易量の拡大の背景としては、大きく以下三つの要因が指摘
される。

　第一の要因としては、1990 年代以降、これまで自由経済体制に
参加していなかった旧東側諸国が市場経済へ移行し輸出戦略に目を
向け始めた点があげられる。IMF の貿易統計 (1) で、ロシア連邦
を中心とした CIS（独立国家共同体）加盟 9 カ国にバルト 3 カ国、
及び旧東欧主要 10 カ国（アルバニア、ブルガリア、クロアチア、チェ

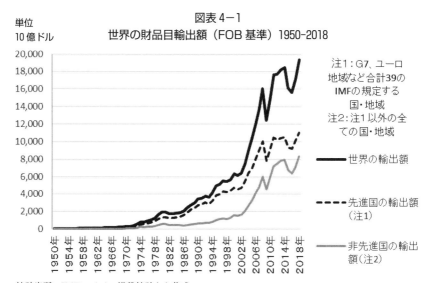

単位
10 億ドル

図表 4−1
世界の財品目輸出額（FOB 基準）1950-2018

注1：G7、ユーロ
地域など合計39の
IMFの規定する
国・地域
注2：注1以外の全
ての国・地域

―― 世界の輸出額

---- 先進国の輸出額
（注1）

―― 非先進国の輸出
額（注2）

統計出所：IMF website 掲載統計から作成

図表 4−2
「東アジア地域」の輸出総額の非先進諸国および世界全体の輸出総額に占める割合

単位：%	1950	1960	1970	1980	1990	2000
世界の輸出総額における東アジア地域輸出額の割合	7.3	6.7	5.0	8.0	12.7	19.4
非先進国地域の輸出における東アジア地域の輸出の割合	19.5	21.4	19.7	27.0	64.1	77.2

東アジア地域は、ASEAN10 カ国、中国、香港、台湾、マカオ、韓国、インドを含む地域を指している。
非先進国地域には、IMF が規定する先進 39 カ国・地域以外の国・地域を含んでいる。
統計出所：IMF website より引用し、筆者作成

コ、ハンガリー、ポーランド、ルーマニア、セルビア、スロバキア、スロベニア）を加えた旧東欧地域の貿易動向をみると、これら地域の輸出合計額は 1993 年に 1201 億ドルだったが、体制移行が一段落した 2000 年に 2791 億ドルまで増加。さらに 2018 年には 1 兆 4000 億ドルまで増加している（増加率、1993 年比、11.7 倍）。1993 年から 2018 年までの間、世界全体の輸出額は 3 兆 6372 億ドルから 19 兆 3611 億ドルへ 5.3 倍の増加である。世界の貿易活動に比較しても、東欧改革の国際経済を活発化させた様子が読みとれる。グローバリゼーション進展の一因ともなった東西冷戦の終結は、このように、全世界の貿易量拡大、そして国際経済に影響を及ぼしたわけである。

　第二の点としては、（この点も東西冷戦の終結に関連することではあるが）東アジア地域での急激な貿易量の拡大が指摘される。図表 4−2 は高度経済成長の代名詞ともなった東アジア地域の、1950 年から 2016 年の間の輸出力を示したものである。この図表での東アジアには、ASEAN10 カ国、中国、台湾、香港、マカオ、韓国の 14 の国・地域が含まれる。図表 4−1 で世界の輸出量の推移に見る通り、2000 年代に入り非先進諸国地域の輸出の動きが先進諸国地域の輸出量の動きに、迫りつつある。この非先進諸国の中で特に目立った伸びを示しているのが、図表 4−2 で示した東アジア諸国の

2005	2010	2015	2016
22.1	26.9	30.9	30.7
68.6	68.6	73.5	75.1

貿易である。1950 年に非先進地域の中で 2 割を占めるに過ぎなかった（世界比で 7％）。これが 2016 年には非先進地域の 75％（世界比で 3 割）を占めるまでに成長している。このアジア地域での貿易シェアの拡大こそ、近年の貿易量拡大の背景の一つとなっていると言えよう。アジア各国は戦後の復興を農業や鉱物資源の生産、輸出に依存する政策に重点を置き、工業化には大きく後れをとった。しかし、1978 年末の中国での改革開放路線への出発は、周辺アジア諸国をして、貿易自由化に向け政策の思い切った転換を余儀なくさせた。対外政策では自国産業の保護、外資規制に象徴される輸入代替型の工業化政策に依存する傾向が強く、国内資本依存の工業育成は捗っていなかった。中国の外資導入政策は周辺諸国に強い影響を与えることになり、これらの地域での輸出主導型工業化が一挙に進む結果となった。1980 年代に入り、アセアン諸国を中心に海外からの直接投資と海外の工業ノウハウ受け入れに積極的に乗り出しはじめたのだ。この動きは、現在も続いているが、外資による輸出産業育成、輸出拡大政策が功を奏し、結果的に世界貿易の拡大に結び付く姿を生み出したわけである。

　上記の要因は貿易拡大に大きく影響を与えた地域を探ることで、世界貿易拡大の要因をとりあげたものだが、第三の要因として、「生産プロセスの複雑化」という視点から、貿易量の世界的増加傾向の背景を指摘しておこう。ここで「生産プロセスの複雑化」とは具体的には以下二つの事を指す。一つは、生産プロセスの国際化である。もう一つは工業製品の工程の複雑化と製品の高付加価値化である。この結果、生産部門では、より多くの産業資材や部品を用いられるようになっている点が指摘される。

　直接投資については本章の後段で、統計データとともに詳述する

が、経営面から直接投資を説明すると、それは、民間企業が海外市場に経営資源を持ち込み、そこで生産活動に参加する企業戦略を意味する。直接投資では、本国─投資先国間を中心に、原材料や生産設備が国境を越えてより頻繁に移動することが想定される。この直接投資が、グローバル化経済の中で進展し続けてきたのである（直接投資の拡大過程については本章、4-3節、を参照されたい）。

　さらにもう一つの点が、工業製品の生産品の複雑化と製品の高付加価値化である。技術水準の進展、市場での需要変化を背景に、最終製品の付加価値は高まる傾向にあり、製品には多様な部品が加わり、生産工程も複雑化している。特殊なものでない限り、通常未加工の原材料、または加工度の低い原材料についてみると、たとえ容積が大きなものでも付加価値は相対的に小さくなる。一方、加工度合いが高くなれば付加価値は高まる。製造工程の複雑化は貿易商品を高めることにつながる。図表4-3は　世界の財貿易における一次産品と工業品の20世紀における内訳の変化を示したIMFの統計である。図表が示す通り、一次産品の割合は期間中、徐々に低下し、代わって工業品、とりわけ機械製品の占める割合が高まっている様子がうかがえる。

　動くコンピューターとも形容される自動車を例にとってみよう。自動車の性能高度化とともに、自動車生産にかかわる部品の数は増加し続け、現在、1台につき、2万〜3万個の部品が必要とされ、1

図表4-3
世界の財貿易の内訳（%）

	1913 年	1955 年	1973 年	1994 年
一次産品	64.1	54.8	39.5	25.3
工業品	35.9	45.2	60.5	74.7
うち機械、輸送機器	6.3	17.5	28.7	38.3

Nicholas Crafts "Globalization and Growth of the Twentieth Century" IMF Working Paper Series March 2000 内表より引用

台の自動車生産当たり数百に及ぶ企業がかかわるともいわれている。
海外生産においては、原料、部品類、さらには最適な生産設備が必
要に応じ海外生産拠点に向け本国から移送されるケースが増えてく
る。1908 年に米国のヘンリー・フォードが大量生産を開始した T
型フォード車に用いられた部品は 1 台あたり約 5000 点程度で、こ
れら部品は、フォード社内で生産出来たといわれている（安倍、壽永、
山口［2002］119 ページより）。現代の高度化された商品には、さまざま
な形態でのモノの動きが必要となっている。海外生産と生産工程の
複雑化、部品の大量使用が並列的に進行しているのが、現在の状況
である。
　また、現地で生産された最終財が、再度親会社の国、市場やその
他の国に向け輸出されるケースも増えていく。後述することだが、
直接投資は、今後とも増加傾向が見込まれるが、増加する直接投資
が貿易量の拡大を伴っていくことが、想定されるわけである。
　2008 年のサブ・プライムローン危機は世界の貿易活動に深刻な
打撃をあたえ、輸出量も大きく冷え込んだ。2020 年に発生したコ
ロナウィルスによる世界危機によっても、しばらくの間、世界貿易
を冷え込ませるだろう。ただ、2020 年の危機が、いつまでも続く
わけではない。ポスト・コロナ時代においても、貿易活動は拡大の
方向へ稼働することになると考えられる。後述の点に絡むことであ
るが、東アジア諸国をはじめ成長力を蓄えた非途上国は多く存在し
今後とも先進諸国をしのぐ勢いでの成長は期待できそうだ。ちなみ
に、IMF の経済成長率データによると、2020 年の成長率はマイナ
スとならざるを得ないようだが、2018 年、2019 年の世界の実質成
長率はそれぞれ 3.6％、2.9％だった。そのうち、先進諸国は全体で、
同 2.2％、1.7％である。一方、非先進国は、同 4.5％、3.7％である
（IMF World Economic Outlook June 2020 より）。
　コロナウィルスにより貿易の低迷は当面懸念される状況だが、ポ
スト・コロナ期においては、非先進国グループの成長による貿易回

復効果、さらには直接投資の拡大傾向（後述）により、世界貿易の拡大が続くことは十分予想される。

4-2 サービス製品の国際取引の増加

　貿易形態における二つ目の特徴はサービス貿易の増加である。サービス商品の国際取引が限られていた第二次大戦直後に出発したガット体制においては、サービス取引に目が向けられていなかった。国際貿易において、当時、サービス取引は関心事になっていなかった。しかし、WTO体制においては「サービスの貿易に関する一般協定（GATS）」が組み込まれ、サービス貿易の国際的管理体制が敷かれ始めた点は、既に前章で述べた通りである。

　商品は、財商品とサービス商品に分かれるが、サービス商品は、人間による労働サービスを商品化したものとして規定できる。サービス商品の範囲は広く、その形態も多様化している。この商品の国際取引が拡大し、新しい貿易形態を作り出している。

　「サービスの貿易に関する一般協定（GATS）」は、サービス貿易のさまざまな形態を、大きく以下四つに分類している。ここでGATSのサービス貿易の四つの形態（モード）の規定について、外務省の協定邦訳文を引用しよう[2]。

（a）いずれかの加盟国の領域から他の加盟国の領域へのサービスの提供

（b）いずれかの加盟国の領域内におけるサービスの提供であって他の加盟国のサービス消費者に対して行われるもの

（c）いずれかの加盟国のサービス提供者によるサービスの提供であって他の加盟国の領域内の業務上の拠点を通じて行われるもの

（d）いずれかの加盟国のサービス提供者によるサービスの提供であって他の加盟国の領域内の加盟国の自然人の存在を通じて行われるもの

　以上の分類の内容を具体的な商業上のケースで考えると、以下の通りとなる。

（a）は越境取引の形態である。ある国のサービス事業者が移動することなく、海外の消費者にサービス商品を、通信設備などを用いて提供するケースを指す。国際通信事業や国際運輸事業などが例となる。

（b）は、国外消費の形態である。国外消費者がサービス生産者の国に出向き、サービス商品の提供を受けるケースである。海外観光旅行、海外で受ける医療や機械修理などが例となる。

（c）は、海外での事業拠点設置の形態である。事業者が、海外で業務拠点を設置し、サービスの提供を行うケースである。直接投資形態をとった銀行の海外支店、流通・運輸などの海外拠点などが例となる。

（d）は、役務労働者が海外に行き、そこでサービス業務の提供する形態である。自然人の海外移動、サービス提供のケースである。海外での短期雇用のサービス労働、歌手の海外公演、専門技術者の海外出張業務などが例となる。

　GATS は、1994 年に署名されたものであり、それから既に 4 半世紀が経過している。サービス取引の形態もさらに多様化しているであろうし、これら四形態では規定しきれない取引も現れてくるであろう。サービスの国際取引は、数量的にも増加の過程にあるといえる。

　図表 4 - 4 は、1980 年から 2019 年までの世界のサービスの輸出額の推移を示している。これによると、サービス輸出額の（財・サービス合計の）輸出総額に占める割合は、1980 年に 16.7 ％（金額で 3960 億ドル）だったが、上昇傾向が続き、2019 年には 24.4 ％（同 6 兆 1010 億ドル）まで高まっている。金額ベースでは、名目ではあるが 15.4 倍、この期間中に増加している。一方の財の世界輸出額は、同期間（1980 年―2019 年）に、2 兆 501 億ドルから 18 兆 8888 億ド

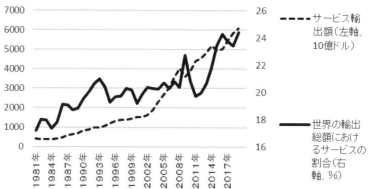

図表 4-4
世界の輸出総額に占めるサービス輸出の割合（1980-2019）

統計出所：UNCTAD 2020 年 6 月付け

ルへ 9.2 倍増加。大きな伸び率ではあるがサービスの増加ペースから引き離されている。サービス貿易が、重要な貿易商品となりつつある点がみてとれよう。

　経済規模が大きく、世界貿易の動向に影響力を持つ G 7 各国の貿易動向をみておこう。図表 4-5 は　G 7 各国についての 2018 年の（財・サービス）輸出額と、1980 年から 2018 年までの全輸出におけるサービス輸出の占める割合を示したものである。例外はあるが、全体として G 7 諸国はこの 40 年間、サービス輸出の重要性が高まってきており、世界貿易全体にも影響を及ぼしている姿が推測される。

　ここで、サービス貿易の重要性が高まってきている背景について考えてみよう。

　この点で、示唆を与えてくれるのが、英国の 20 世紀の経済学者コーリン・クラークの「コーリン・クラークの法則」または「クラークの発展段階説」などとも呼ばれる経済法則であろう (3)。クラークは、産業構造を第一次、第二次、第三次産業に分け、経済発展の過程において、国民経済の比重は第一次産業から、第二次産業へ、

図表 4−5

G 7 主要国の輸出総額に占めるサービス輸出額の割合（国際収支基準の財・サービス輸出額の数字を用いて計算）（%）

輸出額上位順	2018 年の財・サービス輸出総額（10 億ドル）	1980 年	1990 年	2000 年	2010 年	2018 年
米国	2561.3	17.5	27.6	27.0	30.4	32.3
ドイツ	1869.8	14.4	13.4	13.8	16.0	18.3
日本	929.1	13.8	12.8	15.2	15.5	20.8
フランス	905.3	28.8	27.2	24.8	28.4	32.5
英国	856.8	25.0	23.6	30.3	39.6	46.3
イタリア	655.9	22.5	21.3	19.2	18.8	18.8
カナダ	550.5	9.8	12.7	12.2	16.4	18.0

統計出所：IMF, International Financial Statistics

そして第三次産業へと、3 つの段階を移行することを説明する。クラークがその論旨を展開する基礎としたのは、19 世紀、20 世紀前半の統計である。サービス分野は、リーダー的企業も限られており産業総計が十分に整備されていない時代でもあった。その中で産業比較を行い、クラークは労働人口と各国の消費構造の推移を統計観察し、国民所得の相対的に高い諸国の需要構造から、農産品、さらには工業品の需要額の国民所得に対する割合が、ある一定水準でピークとなっていくことを指摘する。クラークの指摘によると、「最も進歩した諸国においては工業品に対する需要は結局国民所得の約 20−25%に落ち着く傾向がある」。「農産物に対する需要は国民所得の 10%に落ちるが、所得が増大すれば一層低下するであろう」というのだ（コーリン・クラーク　前掲書・下巻 [1955] 342 ページより）。生産活動、労働人口は第一次産業から第二次産業へ移行するが、最終的には、当時は発展途上段階の産業部門である第三次産業

図表 4−6
グループ別でみた主要国第三次産業の対名目 GDP 比推移（％）

	1970年	1980年	1990年	2000年	2010年	2015年	2018年
G 7 諸国合計	664	686	729	775	803	816	819
BRICS 5 カ国合計	387	394	468	549	580	605	618
ASEAN 10 カ国合計	472	450	545	542	551	594	601

統計出所：UNSTAS National Accounts AMA。2020 年 6 月取得値から計算。ただし、AESAN については 1970 年から現行 10 カ国対象に計算。BRICS 5 カ国のロシア連邦については。統計取得が可能な 1990 年から加算した。全グループとも、各項目合計値を算出した上で比率を計算。

への比重の移行を示唆するのだ (4)。

　産業全体として売上額が伸び、被雇用者数が増加すれば、産業の所得合計額は増加する。このことは、国民経済において第三の市場といえるサービス産業が労働力を引き込む要因となってくるわけである。

　図表 4−6 は、既に工業化を実現した G 7 諸国、これから大国として先進国入りを目指す BRICS5 カ国（ブラジル、ロシア、インド、中国、南アフリカ）、そして急速な成長力を今も維持している ASEAN10 カ国（インドネシア、マレーシア、タイ、フィリピン、シンガポール、ブルネイ、カンボジア、ラオス、ベトナム、ミャンマー）の 3 グループの第三次産業の名目 GDP を示している。工業化が進展した G7 グループのサービス産業の経済全体に占める割合は近年 80％を超えている。この高さはサービス化が、とりわけ急速に進展する大国・米国の統計値に影響されていることもあるのだが、程度の差はあるがこれらの諸国がこの半世紀第三次産業の割合を高めてきた点で共通している。また、成長の度合いに差があり数字は一様ではないが、図表 4−6 においては、BRICS 諸国、ASEAN 諸国においても、この半世紀、経済活動において第三次産業のウェイトが高まり続けてきた点が同様に読み取れる。図表 4−6 には示されて

いないが、クラークの指摘通り、総じて世界各国において、国民経済水準の高まりと共に、第三次産業の比率が高まってきている点は想定されることである。

　次いで、経済の成長に伴ってサービス産業活動が拡大する背景は何かを考えてみたい。この点の考察においては、国民経済における最終消費支出の側面に視点をあててみよう。

　経済の成長とともに、家計の所得は増加する。国民の平均消費性向が短期間では大きく変動しないとの前提に立つと、この個人所得の増加は、必然的に消費量の拡大を伴うことになる。ヒトの暮らしに最低限必要な物資は「衣食住」である。即ち、衣類、食糧、家屋といった「モノ」である。さて、徐々に社会の所得水準が向上すると、必要とされる「モノ」の種類は増え、またこれの品質も向上するだろう。さらに所得水準が向上すると、消費者は多様な商品市場に目を向け始める、消費対象が多様化してくるのだ。物質的欲求を満たすのみの消費から、より深い満足感を満たすための消費に移行しはじめる。新たな消費分野には、心身の欲求に対応したサービス商品が含まれてくる。所得の向上は、生活必需品への必要に追われる生活から人々を開放し、消費行動に広がりを生み出す。消費対象は、モノの市場から、芸術、医療、教育、旅行、情報、多様化した娯楽などに比重が移り始める。

　ちなみに、「衣食住」支出のうち、食への家計支出について考えてみよう。飲食消費はヒトが生存する上で不可欠なモノ消費である。飲食支出の合計の家計総支出に対する割合を示す指標として、エンゲル係数が使われている。家計の所得が増えれば当然飲食支出は増えていくだろうが、所得増加に比例して係数も高まることは一般的には考えにくい。エンゲル係数は国民所得が限られている場合は、相対的に高くならざるを得ない (5)。一方で所得が増えると、その数値は低下傾向を示す。日本のケースをみてみよう。図表4-7に見る通り、日本では60年代から90年代にかけ、国民所得の上昇期、

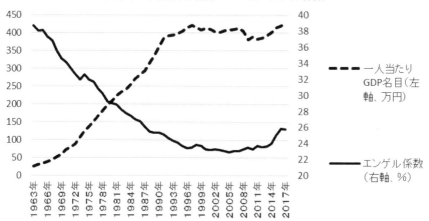

図表 4−7
日本の一人当たり名目 GDP とエンゲル係数

凡例:
――― 一人当たり GDP名目（左軸、万円）
――― エンゲル係数（右軸、％）

統計出所：総務省統計局「家計調査結果」。二人以上の世帯、農林業家世帯を除く、2020 年 6 月 30 日取得

　エンゲル係数は反比例的に低下している。そして食料品支出の残余の国民所得が他の消費に向うことができることになった。

　消費が向かう先には、従来踏み込めなかった旅行、芸術鑑賞、各種の情報、医療などが含まれる。経済発展とともに、サービス需要拡大が生じてくるわけである。もう一度日本の例に目を向けよう。

　内閣府が集計する「家計の目的別最終消費支出の構成」統計によると、国内家計最終消費支出のうちサービス支出の割合は 1970 年に 42.4％だったが、2018 年には 59.0％へ高まっている。財支出が相対的に後退し、サービスの需要が高まってきているわけである。

　サービス商品への需要の高まりは、家計部門だけが要因ではない。経済の発展の中で、産業活動はより高度化し複雑化し、それに対応すべく様々な形態の知的生産物、即ち、技術パテント・ノウハウ、デザイン、商標など産業上の諸権利もサービス商品として重要性を増してくる。

　図表 4−8 は、1980 年以降の世界のサービス輸出の内訳である。

図表4−8
世界のサービス輸出額における商品割合（%）

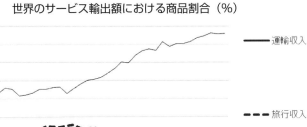

統計出所：UNCTADStad 2020年7月より作成。2005年以降は国際収支マニュアル第6
版依拠。それ以前は第5版依拠の値。

　従来、サービス輸出では旅行収入、運輸収入はサービス取引の重要
品目であった。現在も、これらの収入はサービス取引では重要品目
ではあるものの、相対的に割合が低下、これら以外のサービス品目
（通信、情報、医療など）の貿易額が高まってきている。サービスの
国際取引の裾野が広がってきていることを意味している。
　需要の増加は生産構造の変化を促す結果をもたらすことになり、
そこで国内で稼働する生産の各形態が貿易という形式で海外に移転
していくこととなり、このタイプの貿易活動が拡大してきている。
これが、今日のサービス貿易量増加の背景にある姿といえるだろう。
現在、開発途上にある多くの国々が、総じて各社会の所得を高めて
いく方向を辿ることが予想される（ただし、経済成長のスピードは国
により異なる）。こうした点を考慮すると、サービス貿易は財貿易と
同様に、ないしは財貿易以上にグローバル化経済においてこれから
重用性を高めていくものと考えられるのだ。

4-3　直接投資の拡大

　国際経済において近年の特徴点となる三つ目の点は、直接投資の急速な拡大である。

　まず直接投資とは何かを整理しておこう。直接投資とは、持続的な企業経営を担うことを目的とした海外への投資である。この点で、海外への投資でも、証券の値上がり益や利金・配当取得を目的とした短期的な証券投資とは性格が異なる（これらの投資は、証券投資ないしは間接投資とも呼ばれている）。

　直接投資の形態としては、大きく、新規に法人を設立し、営業・生産拠点を新たに創り上げる投資（グリーンフィールド投資）と、現行で営業活動を行っている既存企業の議決権を購入し経営に参加する投資（M&A、Merger and Acquisition 合併と買収）に分かれる。

　IMF は、国際収支統計作成上の観点から、ＩＭＦ国際収支マニュアル（第6版）において、国内企業が海外投資先企業の議決権の10%（従って通常の証券取得の場合は、普通株式の10%）以上を所有

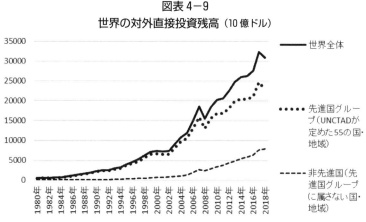

図表4-9
世界の対外直接投資残高（10億ドル）

統計出所：UNCTAD STAD 2020 年 7 月 3 日取得統計より作成

するような投資を実施した場合を、直接投資の該当基準として定め
ている。経営参加の意志を持たない場合でも、1社につき議決権の
10%以上を所有する投資を実施した場合、直接投資として分類され
る。なお、国外企業の議決権取得に加え、同企業発行の社債など証
券保有、あるいは海外子会社への再投資なども直接投資として計上
される。直接投資はあくまで企業活動を目的とした投資であるため、
投資企業は、投資先に投資資金のみならず、自社の製品に適合する
生産設備や生産用原材料、生産ノウハウ、そして人材を送り込む。
また生産された製品は、生産国市場のみならず、生産市場の周辺国
や親会社国の市場に逆輸出も行われる。従って、直接投資は、証券
投資など純粋金融取引とは異なり、国際貿易と密接に絡む性質のも
のとなっている。

　さて、図表4-9、4-10は、直接投資について、対外、対内に分
けそれらの投資残高を用いて示したものである。図表4-9は対外
直接投資（自国から海外への投資）状況を示し、図表4-10は対内
直接投資（海外から自国への投資受入れ）を示すものである。現在、
世界の直接投資残高は、対外も対内も1990年代に入り急速に上昇

図表4-10
世界の対内直接投資残高（10億ドル）

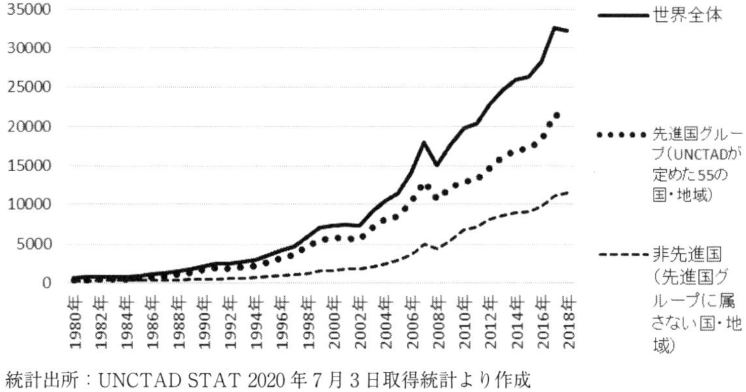

統計出所：UNCTAD STAT 2020年7月3日取得統計より作成

し続け、2017 年以降に 30 兆ドル台まで高まっている。ちなみに、図表 4-11 では、世界の直接投資残高を、世界の GDP 比で示した数字が示されている。これによると、対外については 1990 年 9.6％だった数字が 2019 年には 39.7％に上昇している。また、対内については、同 9.6％から 41.9％へと高まってきている。世界経済において、直接投資は年々重要性を高めている。

　ここで、直接投資が拡大してきた背景を整理してみよう。対外直接投資の主役はあくまでも投資を行う民間企業である。一方、対内直接投資、即ち投資を受ける側においてはどうだろう。投資を受け入れる側の国の同業会社が、海外のライバル社を自国市場に積極的に呼び込む事例は、少ないだろう。やはり、対外直接投資の成功の鍵を握るのは投資受け入れ国側の規制政府当局ということになる。対外直接投資、対内直接投資について、働きかける主体が大きく異なるため、直接投資の動向を見るにあたっては、対外の動向と対内の動向を分けて考察することが適切と言えよう。

　まず対外直接投資国側から考えてみよう。経済のグローバル化、金融技術の進展、市場開放という国際市場での環境変化の中で、一定以上の技術を持つ企業はより高い収益確保に向けて、海外市場進出を検討することは当然であろう。企業は製品開発後、海外市場に対しては輸出に力を入れるが、製品の優越性が確認されれば、コスト面、効率面を考慮した上で、海外に生産拠点を移すことが有利と判断する方向に動こう。その場合は、現地契約で委託生産を行うこともあるだろうが、技術力、ブランド力が高まり、さらに企業体力が強まれば、企業は、自社の資本を投下し海外拠点を確立し、イン・ハウスでの活動を行う経営方針が選ばれる傾向が強まる (6)。海外戦略の展開の機会を企業により多く提供することを可能にしたのが、市場開放の動きである。特に、グローバル化の進展は、中国をはじめとして途上国での市場対外開放の動きを加速させた。図表 4-10 に見る通り、1990 年代以降の対内直接投資受け入れでも、非

途上国側での投資受け入れが進展し、直接投資全体の動きを活発化させている構図が読み取れる。

　今後の対外直接投資の展開を考えてみよう。経済のグローバル化が進展する経営環境下、企業にとって今や海外展開は欠かすことのできない戦略ツールとなっている。

　図表4−11の、UNCTADの世界の直接投資に関するデータによると、対外直接投資の投資収益率（UNCTADは、分母に用いた投資残高の数値に表中記載の市場価格値ではなく簿価基準値を用いて計算している）は1990年に9.0％だった。近年はこの水準は低下しているものの、2019年で6.9％を記録している。直接投資収益の直接投資残高比をROA（総資産利益率）としてとらえると、収益パフォーマンスは相対的に高水準を維持しているといえよう。ちなみに、財務省が速報で提供する「四半期別法人企業統計調査」（2020年6月付け）のデータでは、日本国内の全法人企業（除・金融、保険業）の2019年の、ROA（総資産経常利益率で計算）は、4.7％であった。

　競争の激しい企業社会において、比較的高い投資収益率は、対外直接投資に関して今後とも大きな戦略的モチベーションとなるだろう。さらに近年のM&A（合併と買収）による投資手法の普及も企業の海外進出を促す要因となるだろう。M&Aは、もともと19世紀から米国金融界で見かけられた他企業の買収手法であるが、特に1980年代以降から、資金調達手法の多様化、株式市場の拡大の中で急速に件数が増えてきている。例えば、日本では、2018年に武田薬品はアイルランドの製薬大手シャイアー社の買収を決定した。これは、買収金額が7兆円規模にのぼる巨額規模で社会の関心を集めた。M&Aは、既存企業の経営資源を活用することが可能で、経営戦略上、シナジー効果を期待できる。また、株式交換などの金融手法を導入することで、買収コストを抑制することもできる。企業の対外直接投資は、しばらくコロナウィルス対策で動きが低調となることが考えられる。しかし、いずれ訪れるポスト・コロナの時期

単位：比率（%）以外は、名目市場価格値（10億ドル）	1982年	1990年
対内直接投資額	58	205
対外直接投資額	27	244
対内直接投資残高、年末	790	2,196
対内直接投資残高の対世界GDP比（%）	6.6	9.3
対外直接投資残高、年末	579	2,254
対外直接投資残高の対世界GDP比（%）	4.8	9.6
対内直接投資の収益額	44	82
対内直接投資の収益率（%）（注）	5.6	5.3
対外直接投資の収益額	46	128
対外直接投資の投資収益率（%　注）	7.9	8.3
国際的M&A金額	－	98
参考・世界のGDP	11,963	23,522

統計出所：UNCTAD, World Investment Report　1982年値は2009版 p18 より。その他の統計は、2020年版 p 22 より引用　（注）収益率の計算では、Stockの数値には簿価価格が用いられている。

においては、再度対外投資の活発化は想定されよう。

　一方、対内直接投資についてみてみよう。対内に関しては積極的な企業行動が主役ではない。対内直接投資額の増減は、受け入れ側がいかに海外の投資企業の戦略にふさわしい市場を用意しているかにかかわる。それと共に重要な点は、外国資本を受け入れるためのソフト面及びハード面での社会資本の充実度合も重要な点となる。海外の企業が対外投資先に選定しても、外資流入に対し規制が厳しく、外資を迎え入れるための制度や社会資本が十分整備されていなければ対内直接投資の額は伸びていかない。この点で、外資受け入

2005 ～ 2007 年の年平均	2017 年	2018 年	2019 年
1,414	1,700	1,495	1,540
1,452	1,601	986	1,314
14,496	33,218	32,944	36,470
27.6	41.2	38.5	41.9
15,196	33,041	31,508	34,571
29.0	41.0	36.8	39.7
1,027	1,747	1,946	1,953
9.0	6.8	7.0	6.7
1,102	1,711	1,872	1,841
9.6	6.2	6.4	6.2
729	684	816	483
52,428	80,606	85,583	87,127

れの責任を担うのはその国の政策当局なのだ。

　図表4－10は、対内直接投資残高の内訳を先進国グループと非先進国グループの二つのグループに分けて示しているものだが、1990年の先進国グループの投資残高の割合は全体の77％、非先進国グループの割合が23％であった。一方、2018年の割合はそれぞれ64％、36％である。非先進国グループを中心に対内直接投資が拡大している構図がみえてくる。

　グローバリズムと金融市場化の進展の中で、多くの国が、保護主義的色彩の強い輸入代替型産業政策（自国資本の力で工業化を進め、

工業製品の輸入の伸びを抑えていく）から輸出主導型の経済成長モデルを導入しはじめる。即ち、技術力、資本力を備えた外資を積極的に受け入れ形式で工業化、輸出力強化を図る政策に切り替えていく政策である。前述の通り、東アジア諸国の成長は、この政策が功を奏した結果といえる。

　下の式は経済成長率の投資効率と投資率との関係性を表している。

　　$\Delta Y / Y = I/Y \times \Delta Y/I$（ただし、Y 国民所得、$\Delta Y$　国民所得増加部分、I　固定投資）

　式の $\Delta Y/Y$ は経済成長率を、I/Y は投資率を、$\Delta Y/I$ は投資効率を表している。この式が示す通り、経済成長率は、投資率を投資効率に掛けることにより求められる。そこで、成長を求める国家は投資に力を入れることになる。ただ、一国全体の投資効率は短期間で大きな変化は起こりにくい。しかし、投資率は国内の貯蓄率が低い場合でも比較的短期間で高めることができる。それが直接投資資金の受け入れである。直接投資資金の流入は、そのまま国内での設備投資に向かう資金で、国内の投資率を直接的に高める効果を持つ。加えて、技術力を持つ外国企業の市場参加は、新たな生産技術、事業運営ノウハウを持ち込み、生産効率も高める効果を持つ。従って、輸出主導型経済政策を取り入れることにより、投資率、投資効率の上昇を狙うことが可能となる。さらには、輸出力を強化でき、輸出による経済効果も期待できる。成長路線に出遅れた諸国にとって、直接投資の国内経済への寄与は極めて大きなものになっている。

　今日では、外国企業による投資を受け入れることをためらう国は限られており、多くの国（先進諸国も含め）では、国家政策として直接投資導入策に力を入れている。経済成長への優れた効果を狙うからである。

　直接投資の国内経済に及ぼす効果を考慮すると経済メリットは以下のように整理される。即ち、①外資による固定投資がもたらす量的経済拡大効果、②国外からの技術移転、③生産効率向上効果、④

投資や経済底上げによる税収増効果、などである。

　以上、戦後の国際貿易の推移の中で、特に顕著な変化を示す3点について述べた。上述の三つの変化は、戦後のグローバリゼーションの進行の結果として、地球規模で現れた経済現象である。コロナウィルスの世界的蔓延は一時的にはこうした現象をかく乱させる要因となろう。しかし、遅かれ早かれ世界はポスト・コロナの時代に入るであろう。その時、再度グローバリゼーションは再出発期を迎えよう。既に指摘した通り、貿易量の増加、サービス貿易の拡大、直接投資の拡大という経済現象は世界規模での経済成長の結果としてもたらされる。そして、現代ではグローバリゼーションがこれらの変化を加速させてきた。そうである以上、こうした国際貿易の特徴的変化（貿易量増加、サービス貿易、直接投資の拡大）は、ポスト・コロナの時代において再度進行していく現象としてとらえておくべきだろう。

5章　グローバル化進展の中での国際経済と米国

5-1　グローバル化進展下の国際経済

　今、世界人類はこれまで想像もしなかったコロナウィルスの蔓延という過酷な現実に直面している。新型ウィルスへの対応に、医薬品やワクチンの開発も行われている。この新型ウィルスに対して、人類は長い闘いを強いられるという見方も医学界にはみられる。このウィルスの終息までどれくらいの時間が必要かは想像しにくいが、ウィルスの世界的蔓延が今後の人々の生活に大きな負担となっていくことは避けられそうもない。社会全体の生産活動と所得は後退の動きを見せている。公的部門、民間部門の借入金も膨らんでいる。

　総体として、ウィルス沈静化後、生活防衛意識は強まり、これまでの生活スタイルにおいてより慎重なスタイルにならざるを得まい。新型ウィルスが人々を攻撃する中で、異質なものは排撃しようとする空気が世界に漂いはじめている。異人種、異国人、異なった地域の人間を社会から排撃しようとする行為（さらには犯罪行為）を取り上げた新聞記事もみられる。ウィルスの出所をめぐり、米中間の対立も浮き彫りとなった。ウィルス問題が沈静化した後の国際社会では、保護主義、排他主義の動きが前面に出て、グローバリズムの流れにも何らかの形で歯止めがかかるという懸念もみられる。

　確かに、しばらくは他国、とりわけ見知らぬ国への警戒はどの社会においても強まることは避けられまい。この出来事が世界に甚大な人的・物的被害をもたらした以上、ポスト・コロナの時代でもしばらくは、どのような社会においても、人々が多かれ少なかれ内向

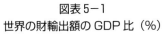

図表 5−1
世界の財輸出額の GDP 比（%）

統計出所：1990 年以前 Globalization and Growth in the Twenteeth Century, Nichoras Crafts IMF Working Paper 2000-2000 年、2010 年、2017 年は IMF International Financial Statistics から筆者計算

きな立場を選び、自らと異なるものを避けようとする傾向を持つことは、懸念要因である。

　ただ、今回の新型ウィルスによる世界的な損害は、国家間、あるいは民族間による戦争の結果ではない。あくまで、未知のウィルスの蔓延が出発点である。しばらくは人々にウィルス被害の記憶を残すが、国家の戦争による被災と異なり、国家間の怨念、対立が深刻さを増すことが考えにくいのではなかろうか。ウィルス危機が収束し、国際社会は、経済復興に向け、その為の協力者を探すことを始める。それこそが、グローバリズムの特質であることに、国際社会はやがて気づくことになるだろう。

　グローバリズムは、貿易、資本移動、さらには世界経済の発展に大きく寄与してきてたことを思いだすだろう。図表 5−1 は、世界全体の財の輸出額（FOB 基準）を世界の対名目 GDP 比に示したものである。数値は、1970 年 10％程度だったが、その後はほぼ上昇傾向をたどり、2010 年に 22％に達している。こうした、財貿易の拡大が、様々な経済効果で、経済発展を促してきた点は言うまでも

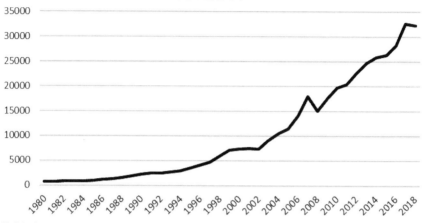

図表5−2
世界の対内直接投資残高合計 (単位：10億ドル)

統計出所：UNCTAD

ない。商取引と共に、拡大過程を辿っているのは、国際金融取引である。UNCTADが集計する世界の対内直接投資の残高統計（直接投資の受取額の残高総額、年末値）によると、1971-1980年期間、年平均279.1億ドルから1981-90年の期間、同1079.8億ドル、91-2000年同5126.7億ドル、2001-2010年同1兆865.8億ドルへと増加し続け、2011-2018年は同1兆5709億ドルへと拡大してきた。単年でみると、世界の対内直接投資残高は、1980年の7011億ドルから2018年には32兆2720億ドルに膨らんでいる（図表5−2参照）。

　直接投資は、民間企業が海外での経営活動を目的として、海外投資を行うものだが、この投資額が増大していることは、投資国、投資受け入れ国双方の経済関係が強化していることを示し、さらには、ヒト、モノ、カネの国際移動を一層活発化させている状況を意味している。経済グローバル化の深化を示しているのだ。既に起動しはじめたグローバリズムの流れに歯止めがかかっていくことは、考えにくいといえる。

　ただ、パンデミック後のグローバル経済には、大きな課題も残さ

れている点は、指摘する必要がある。これは、グローバリズムの進展の先に国際経済に待ち受けている深刻なリスクともいえる。以下でこの点について論旨を進めておこう。

5-2　21世紀型金融危機の経験

　グローバリズム進展が内包するリスクに立ち入る前、4半世紀前に世界が経験したアジア通貨危機の概要について想起しておこう。

　1997年6月末、世界はそれまで予想もしなかった深刻な国際金融危機に直面した。いわゆる「アジア通貨危機」である。1980年代から、新興の東アジア諸国・地域は国をあげての開発ブームの中にあった。中国ではじまった改革開放の動きに触発されたアセアン諸国など東アジアの国々は、競うように海外への市場開放、経済開発に乗り出した。それを好機ととらえ欧米や日本が一斉にこれらの地域に資本投資をはじめる。東アジア一帯がバブル経済の様相を呈した。外資主導の工業化とともに土地開発も活発化し、これに伴い、工業資材、消費財の輸入も増加する。結果として、これら諸国の経常収支の赤字は大幅に拡大した。しかし、「アジアブーム」という期待が先行し、各国の行政当局も国内外の投資家も国際収支の変調を忘れていた。

　アジア通貨危機発生の1～2年前ごろから、タイ国内で不良債権問題が顕在化するようになっていた。そして、1997年6月末から7月はじめにかけ、不良債権問題がきっかけとなり、バーツ売りがはじまったのだ。すると、またたくまに、「売り」投機は国際収支の巨額な不均衡を抱えていたマレーシア、インドネシア、フィリピン、韓国の4つの為替市場に伝播し、さらに金融市場全体に混乱をもたらした。東アジア市場の混乱はすぐに世界の主要市場に伝わり、世界レベルでの金融混乱を引き起こした。これが、アジア通貨危機である。それまで貸出を行っていた海外投資家が、貸出先の膨らんだ

対外債務、不良債権処理に恐怖を感じ、資金の一斉撤退を行ったわ
けである。一方、これらの国は、対外債務を抱える国であり、資金
の流出を食い止めることができなかった。この結果、深刻な影響を
東アジア諸国をはじめ欧米日経済に及ぼした。アジア諸国は、外貨
枯渇でIMFをはじめ先進各国で資金調達に走った。加えて金融不
安の中で、アジア各国の経済も軒並み低迷に転じ、またアジア投資
に力を入れていた欧米日の各国も深刻な経済停滞の影響を被ってい
る（ちなみに、日本経済も実質GDP成長率が97年のプラス1.1％
から98年に−1.1％、99年に−0.3％へ経済停滞を経験している）。

　こうした危機は、資本投資国から資本開放国へ資本が一斉に逆流
する「21世紀型金融危機」と表現された。ちなみに、「21世紀型金
融危機」という用語は、もともと1994年に金融グローバル化を推
進するメキシコが、激しい国際投機にさらされた経験以降、使われ
はじめた言葉といわれる。当時のIMF専務理事、カムドシュ（M.
Camdessus）氏は、国際社会への警鐘として、1995年にIMFのウ
ェブサイトの中で、メキシコ危機を以下のように、表現している。
"Mexico's crisis has been described as the first financial crisis of
the 21st century, meaning the first major financial crisis to hit an
emerging market economy in the new world of global financial
markets."（筆者訳：グローバル金融市場を抱える新たな世界で新興市
場経済を襲った最初の大規模金融危機といえるものがメキシコ危機であ
り、これこそは21世紀型の最初の金融危機と呼べるものである）。

5−3　2000年代の米国型金融危機の経験

　国際投資の動きが、資金移動により深刻な影響を与える「21世
紀型金融危機」は経済規模の小さな途上国にのみ当てはまるとする
見方もある。しかし、過剰な資金取り入れに端を発する金融危機は、
近年超経済大国でも、本質的には同様のパターンで発生しているこ

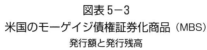

図表5-3
米国のモーゲイジ債権証券化商品（MBS）
発行額と発行残高

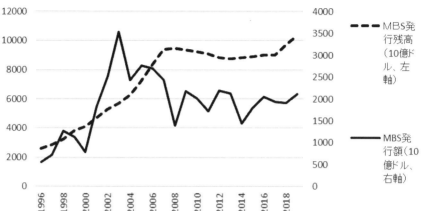

統計出所：SIFMA ホームページ統計から作成

　とを忘れてはならない。2008 年に顕在化した米国発の金融危機（サ
ブ・プライムローン危機）がその典型例だ。この危機の勃発は、米
国の金融機関が、返済能力が十分でない住宅取得者にモーゲイジロ
ーン（住宅向けローン）を貸出し、その債権とその保有リスクを他
人に転嫁する仕組みを作り上げたことが発端となっている。金融機
関は膨大な量のモーゲイジローンによる債権を証券化し、これを
「高利回り証券」として、国内はもとより広く海外へ売りさばいた。
融資の手続きを簡素化した上で、なりふりかまわぬ姿勢で、住宅取
得希望者に貸出し続けた。
　ローン債権の証券化の仕組みは、債権を「特別事業目的体
（Special Purpose Vehicle, SPV）」とよばれる貸出金融機関の関連信
託会社を通して手許の住宅ローンによる債権を証券化商品に転換さ
せることである。この証券化商品（MBS, Mortgage Backed Securi-
ties）は、信託の手続きを経ることにより、債権側金融機関の倒産
リスクから免じられることになる。いわゆる「倒産隔離」である。

表面上リスクの少ない受益証券として発行し、機関投資家などに売却していったのだ。当時は、金利の全般的な低下局面にあり、低リスクでしかも利回りで魅力があるこの金融商品は、国内外で人気が高まり、大量に生産、販売された。2000年代、ブッシュ政権期の米国は住宅ブームで経済に弾みがついた。1990年代の通貨危機の教訓はすっかりと忘れ去られていたのだ。

　しかし、2006年以降状況は一転する。それまで低下し続けた金利が底を打ち、上昇に転じたのだ。もともと、当時の米国金融界が力を入れた住宅ローンとは、資産力に乏しく過重な借入状態に疑問を抱かせる所得層（米国金融界用語で「サブ・プライム層」）を対象としたものが主力だった。金利の上昇は、借入層の返済計画を一転させた。徐々に返済困難者が増えてくる。巨額なモーゲイジローン残高（2006年に、米国証券業協会（SIFMA）の公表統計ではMBSの発行額は2兆7千億ドル近く、さらに2006年末の発行残高は8兆4千億ドル近くに達していた）、不良債権に直面した金融機関、ドル価値への不安。こうした条件は、2008年以降証券化商品を大量に買い続けた投資家をして、売りに向かわせた。特に、欧州を中心とした投資家層に不安を与えた。2008年、リーマンブラザースの経営危機がきっかけとなり、不安は一挙に米国証券の投機売りを生み出す。これが、いわゆるサブ・プライムローン危機のはじまりである。サブ・プライムローン危機の発生による米国経済及び世界経済への影響は記憶に新しい。この時、米国の実質成長率は、2008年に実質GDPで前年比−3.1％、翌年2009年に失業率が9.3％と、戦後最悪の景気後退に見舞われ、この不況は世界経済に深刻な影響を与えている。

　米国は、1980年代初頭以降、継続的な経常収支の赤字国に陥り、1980年代半ば以降は対外純債務国となっている。この経常収支赤字幅拡大は、現在に至るまで増加傾向を辿ってきたわけだが、拡大する経常収支の赤字は、海外の資本借り入れで補填される。従って、

米国国内での金融システムの異常な混乱は、市場混乱を恐れた海外投資家の米国からの一斉撤退が引き起こしたことになる。米国は、純債務国であるから、資金の流出を止めることはできない。この結果、サブ・プライムローン危機時に、米国ドルは急激に下落した。例えば、対円でみた対米ドル相場は、2006年末から2011年末にかけて35％も大幅下落した（118.95円／ドル⇒77.72円）。米国、日本のみならず、世界の金融市場、経済が混乱に陥ったのである。世界の経済リーダー国、基軸通貨国の金融危機発生の結果である。

　歴史経済学者の　キンドルバーガーは、金融危機の発生プロセスを以下のような段階を経るものとしてモデル化している（Kindle-berger（1978）参照）。

　第1段階　国内でのブーム発生。金融投資拡大（「設備投資、金融投資の永続的拡大」との国民的錯覚）

　第2段階　貸し手、借り手のリスク感覚の減少。金融イノベーションの開発

　第3段階　資産の過剰取引、投機の発生。資産価格高騰。バブル現象。投機購入の活発化

　第4段階　資金需要増大。貨幣流通が加速

　第5段階　資産価格上昇停止。金融資産売却。金融機関の債権回収行動。資金繰りの困難化。不良債権の発生

　第6段階　金融政策の出番

キンドルバーガーが、金融危機の発生プロセスを説明したのは、1970年代の著作においてであるが、この発生プロセスは、それから半世紀後の現在の金融危機発生に適用されるものである。ただ、当時は、資産の過剰取引、投機の発生、資産価格の高騰、これらを促した投機家が基本的に国内に在住していた。1970年代は、金融市場のグローバル化は、まだ端緒の時代だったからだ。しかし、1990年代にいたると、金融市場のグローバル化は大きく進展していた。住宅建設資金が必要ならば、資金はいくらでも国外市場に依

図表5-4
米国証券の海外投資家保有残高（各年6月末残高）
(注) 公的部門長期証券には、財務省証券は含まない

単位：10億ドル	2005	2006	2007	2008	2009	2010	2011	2012
公的部門長期証券（公的保証証券を含む）	791	984	1,304	1,464	1,196	1,086	1,031	991
民間部門長期証券（証券化商品を含む）	1,729	2,021	2,738	2,820	2,440	2,493	2,651	2,549
合計	2,520	3,005	4,042	4,284	3,636	3,579	3,682	3,540

統計出所：Foreign Portfolio Holdings of U.S.Securities as of June 30, 2012 Department of the Treasury, Federal Reserve Bank of NY, April 2013

存できる時代になっていた。米国金融機関は、膨大な量の債権証券化商品を海外投資家に売り込み、売り捌いた。

　図表5-4は、2000年代に入っての米国長期証券の公的、民間の証券の海外投資家保有状況を示している。海外に販売されたモーゲイジ・ローン証券化商品は、この「民間部門の証券保有」統計内に多く含まれているが、当時の海外への米国産MBSの販売状況をうかがうことができる。しかし、ＭＢＳに返済トラブル問題が発生し、金融商品への信頼が損なわれるや投資家の動きは止まってしまう。そして米国金融商品の売り急ぎが始まる。米国に流入していた海外資金は、ひとたび資本撤退が発生すると、資金量が巨額な故に、インパクトは、かつてのアジア危機以上に激しいものとなったわけである。

　1997年の東アジア通貨危機も、近年の米国での金融危機も、いずれも外資流入、外資撤退という形では共通するものである。グローバリゼーションの中での、金融自由化、市場開放の進展は、経済秩序が保たれている時は順調に回転する。しかしひとたび、機能に欠陥が生じると、それは連鎖反応をおこして、世界に混乱を波及させる。これが、グローバリゼーションが潜在的に抱えるスクといえ

る。このリスクは、グローバリゼーションが進展すればするほど、大きなものになる。

5-4　基軸通貨国である米国が抱える経済リスク

　グローバリズムの進行の中で、各国の経済・金融情勢は常にバランスがとれた状態が求められる。そこで、気になるのは世界の経済リーダー、米国経済の健全性である。米国の GDP は名目で 20 兆

図表 5-5
世界の公的外貨準備額〜通貨別保有額と通貨別構成比 (年末値)

10 億ドル	2015 年	構成比	2019 年	構成比
公的外貨準備合計	10,932	100%	11,830	100%
米ドル	4,874	45	6,746	57
ユーロ	1,419	13	2,276	19
中国元	0	0	218	2
円	278	3	631	5
英ポンド	350	3	512	4
豪ドル	131	1	187	2
カナダドル	132	1	208	2
スイスフラン	20	0	17	0
その他通貨	210	2	284	2
分類不明	3,519	32	751	6

統計出所：IMF　World Currency Composition of Official Foreign Exchange Reserves IMF website.

図表 5-6
世界の為替市場での総取引額（2019 年 4 月の 1 日あたりの平均額）

通貨別	取引合計額（10 億ドル）	%
米ドル	5824	88.3
ユーロ	2129	32.3
円	1109	16.8
英国ポンド	844	12.8
豪ドル	447	6.8
カナダドル	332	5.0
その他	2507	38.0
各通貨取引の純合計額 (注)	6596	100.0

（注）各通貨の取引合計額は、市場取引の通貨別合計額を示す。各取引は、2 通貨による取引のため、総合計額は、上記純合計額の 2 倍の数値となる。

統計出所：Triennial Central Bank Survey of foreign exchange and OTC derivatives markets in 2019　BIS　website

ドルを超え、世界で圧倒的な経済規模である。

　2017 年で約 80 兆ドルと推計される世界の GDP のうち、米国 GDP は 4 分の 1 を占める。米国ドルは国際資金決済の面でも、国際金融手段としても事実上基軸通貨の地位にある。例えば、世界の公的外貨準備の構成比を IMF 統計でみると、2019 年に全世界で 57 ％が米国ドル建てである。また、年々増加している世界での為替市場での為替取引額は、2019 年 4 月中の営業日の 1 日あたり平均で 6.6 兆ドルにのぼるが (1)、このうち 88％が米ドルを用いた取引となっている (2)。為替取引の増加に伴い、ドルの市場での取引量も年々膨らんできている。ちなみに、2 番目に取引量の多いユーロの割合は 2019 年に 32％にとどまっている。米国ドルは事実上の国際金融上の基軸通貨の地位にあり、世界で最も使用される通貨となっているのだ。ドルが国際経済運営の要の位置にある以上、米国経済の安定性は欠かせないものなのだ。

　そこで、近年の米国の外資依存状況を確認しておこう。米国は、経常収支の赤字が、1970 年代から継続して赤字状態にあり、さらに 1980 年代半ば以降、対外純債務国の状況にある。

　対外債務の残高は 90 年代に入り急速に増加してくる。折からの IT ブームと民間投資の拡大を背景に、国内需要は拡大し、米国の輸入量も伸びた。この結果、貿易収支の赤字幅、そして経常収支赤字幅が拡大してきたのだ。一方で、米国内では IT ブーム以降、設備投資の動きも活発化し、資金への実需も急速に増加した。米国国内への外資流入が続いてきた。国内での景気拡大、輸入増加、経常収支悪化拡大、外資流入というパターンは、2000 年代に入り一層顕著になり、米国の対外債務を加速度的に膨らませてきたのだ。

　サブ・プライムローン危機時の海外からの債務の内訳と 2019 年末の債務内訳を見比べてみよう。図表 5－7 は、1980 年から 2019 年までの海外への米国の純債務残高（債務額残高から債権残高控除後）の推移を示している。これによると、2010 年の対外純債務残

単位
10 億ドル

図表 5−7
米国の対外ポジション（ゼロ以下は純債務残高）

統計出所：米国商務省 BEA website

高は 2.5 兆ドルだった。この時期は、米国が金融危機の対応に追わ
れている時期である。この時期から約 10 年後、2019 年の純債務残
高は約 11 兆ドル、海外資金依存額は金融危機の頃の 4 倍以上に膨
れ上がっているのだ。海外からの資金の調達においては、米国は主
として証券による調達に依存している。この点は、図表 5−9 内の
「証券投資」項目が示している。2000 年の対外債務残高 1 兆 5370
億ドルのうち、1 兆 4520 億ドルを、2010 年の対外債務残高 2 兆
5120 億ドルのうち約 4 兆 6000 億ドルを、また 2019 年の対外債務
残高 10 兆 9910 億ドルのうち約 8 兆ドルを証券投資によって外国資
金を受け取っている。図表 5−8 は、2005 年から 2012 年にかけて
の国際収支上の金融収支・証券投資の年間収支額の推移を示したも
のである（残高ではなく、フローの資金移動である点を留意された
い）。米国は、証券発行で資金を毎年調達するため、国際収支上、
証券投資は、マイナス収支となる。ただ、グラフで 2009 年だけは、
収支がプラスである。これは、これまで米国に貸出資金として流れ
込んでいた外国資金が停止した一方、流入していた資金が国外に流

図表 5-8

単位
10億ドル　2005 年〜 2012 年米国の金融収支・証券投資（ネット）

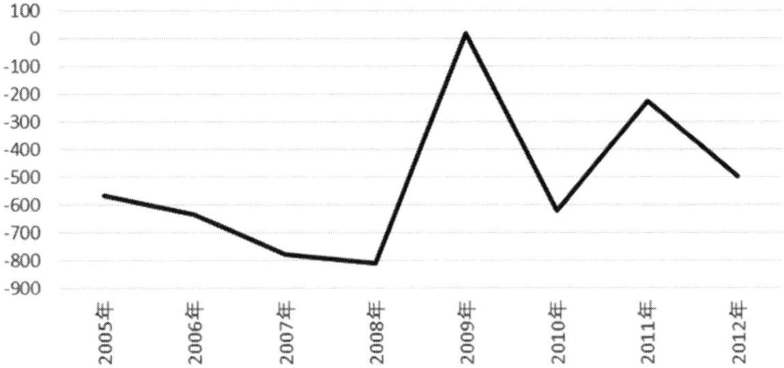

統計出所：IMF website より

れ出した結果である。資金の流出を反映し、当時ドル相場は大暴落
に陥っていた（例えば、ドルの円に対する動きをみると 2006 年末
の 118.95 円／ドルから 2008 年末の 90.75 円／ドルへ 2 年間で 24%
下落している）。サブ・プライム危機当時の米国金融市場、そして
経済の混乱は、こうした状況の下で顕在化していった。

　米国の対外債務は、現在も膨らみ続けている。米国が再度大きな
経済混乱に直面すれば、米国が借入れ続けている海外資金は、以前
に増して強い規模とエネルギーで逆流しはじめるというリスクは忘
れてはならない。

　ここで、米国の債務拡大が続く基本的な原因として、二つの重要
な点を指摘しよう。

　第 1 点は、米国の経常収支の赤字拡大である。国際収支の構造上、
経常収支の不均衡（赤字）は、金融収支による借り入れでファイナ
ンスされる（国際収支の経常収支、金融収支の関係については巻末の補
論、国際収支の記帳を参照されたい）。経常収支の赤字をファイナン
スするため、米国に流入する資金が対外債務となるわけで、この流
入資金が増幅した状態が、米国の対外債務残高拡大の直接的要因と

図表5−9
米国の対外純債権・債務残高とその内訳の推移（無印は純債権、−印は純債務を示す）

単位：10億ドル	1980年	1990年	2000年	2010年	2015年	2019年
対外純債権・債務残高	297	−150	−1,537	−2,512	−7,462	−10,991
直接投資	198	192	−89	1,387	328	−1,744
証券投資（注）	−165	−521	−1,452	−4,599	−7,021	−7,950
その他投資	93	5	−124	211	−1,152	−1,812
公的外貨準備	171	175	128	489	384	514

（注）証券投資はデリバティブ投資を含む。
統計出所：米国商務省　BEA　IIP データ　website2020年5月値

図表5−10
米国の国際収支動向

単位10億ドル	01-05年平均	06-10年平均	11-15年平均	2016年	2017年	2018年
経常収支	−547.2	−600.4	−398.9	−432.9	−449.1	−488.5
財貿易収支	−577.4	−729.9	−738.9	−751.1	−807.5	−891.3
財輸出	779.3	1,175.1	1,560.4	1,457.0	1,553.4	1,672.3
財輸入	1,356.6	1,905.0	2,299.3	2,208.0	2,360.9	2,563.7
サービス貿易収支	57.7	118.9	231.6	249.1	255.2	269.2
第一次所得収支	38.5	105.0	209.3	193.0	221.7	244.3
第二次所得収支	−66.1	−94.5	−100.9	−123.9	−118.6	−110.7
資本移転等収支	5.5	0.9	1.0	−0.1	24.7	9.4
誤差脱漏	1.4	21.3	−1.7	47.9	92.5	−40.5
金融収支	−538.4	−589.6	−401.0	−387.2	−330.2	−524.5
直接投資	38.0	80.5	67.7	−181.5	24.4	−317.7
証券投資	−481.3	−563.9	−184.7	−195.1	−212.5	−109.7
株式	31.0	−111.4	152.0	161.4	11.1	−50.1
債券	−512.3	−452.5	−336.7	−356.5	−223.6	−59.6
金融派生商品	0.0	−12.4	−21.4	7.8	23.1	−20.3
その他投資	−95.1	−93.8	−262.5	−18.4	−165.2	−76.9
公的外貨準備増減	−2.0	11.3	1.5	2.1	−1.7	5.0

統計出所：IMF International Fiancial Statistics

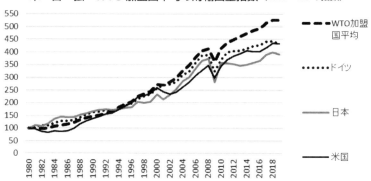

図表 5-11
米・日・独・WTO 加盟国平均の財輸出量指数（1980＝100 の指数）

統計出所：WTO Database Inventory から筆者作成

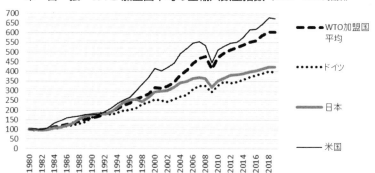

図表 5-12
米・日・独・WTO 加盟国平均の全輸入数量指数（1980＝100 の指数）

統計出所：図表 5-11 と同じ

なっている (3)。

　図表 5-10 の米国国際収支が示す通り、近年経常収支の赤字幅は、5000 億ドル近い水準で推移している。経常収支は、財・サービス貿易収支、第一次・第二次所得収支で構成されるが、米国の経常収支赤字の最大要因は、高水準の財貿易収支の赤字である。2018 年で財貿易収支赤字は約 9000 億ドルで、経常収支赤字額の倍近い大きさだ。

　図表 5-11、5-12 は米国の財貿易収支の特徴を確認するため、
WTO 加盟国平均及び、経常収支黒字を継続的に計上しているドイ
ツと日本の輸出、輸入量動向（1980 ～ 2018 年）を米国の数字と比
較したものである（ちなみに、2016 ～ 2018 年の 3 年間の平均経常収支
黒字額はドイツが 2918 億ドルで世界 1 位、日本が 1911 億ドルで同 2 位）。
統計では、貿易動向指数（財の輸出入の数量基準、即ちインフレ効果
を排除した数値）を用いている。

　輸出量の伸びを見ると、WTO 加盟国平均は下回るものの、米国
の輸出量指数は、1980 年以降、貿易黒字国のドイツとほぼ同じテン
ポで、また日本を上回るテンポで伸びてきている。しかし、輸入
量の動きは異なる。米国の輸入量は WTO 加盟国平均値を上回るテ
ンポで伸び、また日本やドイツの伸びも遥かに上回るテンポで伸び
てきている。米国政府は、米国の輸出の不振を貿易赤字のせいにし
たがる。しかし、現実には、貿易収支不均衡の最大の背景は、輸入
量の継続的、かつ速いテンポでの拡大にあるのだ。このことが、経
常赤字の拡大を招いている大きな要因になっている。

　では、輸入増加を促してきた背景は何か。ここで、米国国民の消

図表 5-13
米国の実質 GDP と個人消費動向 (1950-2019)

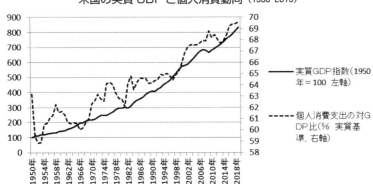

統計出所：米商務省　BEA website から筆者作成

図表5-14
名目GDPに対する個人消費支出の割合（%）（国際比較）（2018年値）

米国	68.1
英国	65.5
イタリア	60.3
豪	56.1
日本	55.8
フランス	54.0
ドイツ	52.0
韓国	48.0

統計出所：IMF International Financial Statistics から計算

費性向の高さと米国国内の経済構造の変化を指摘する必要があろう。

　まず、国内の消費についてである。戦後、米国の各政権は、多かれ少なかれ内需依存型の景気拡大策をとり続けてきた。特に国内個人消費動向は、米国にとって重要な経済の押し上げ効果を持っていた。

　図表5-13は、戦後の米国の実質GDPと実質消費の動向を示す。戦後から現在に至り、世界経済のリード役として機能した米国経済が、成長基盤に頼ったものが、個人消費である。近年の米国の個人消費のGDPに占める割合（平均消費性向）は70%に近い。通常、先進諸国の水準は50

図表5-15
米国家計の医療関連支出の推移（1950-2019）

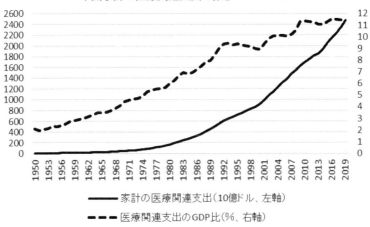

———　家計の医療関連支出（10億ドル、左軸）

■ ■ ■　医療関連支出のGDP比（%、右軸）

統計出所：米商務省BEA website より筆者作成。なお、数値は名目値。

図表5−16
米国の家計の債務残高（年末値）

単位10億ドル	家計債務残高合計		家計債務の内訳		
	家計債務残高	家計債務残高のGDP比（%）	住宅抵当ローン	消費者ローン	その他の家計債務
1980	1,413.8	50.7	926.5	358.0	129.3
1985	2,322.7	55.1	1,450.2	610.6	261.9
1990	3,602.3	62.1	2,489.3	824.4	288.6
1995	4,919.6	64.2	3,319.2	1,168.2	432.2
2000	7,191.3	69.9	4,813.9	1,741.3	636.1
2005	11,986.0	91.5	8,936.6	2,320.6	966.5
2010	13,576.9	90.7	9,985.2	2,646.8	944.9
2015	14,217.9	78.8	9,585.0	3,417.2	1,215.7
2018	15,594.8	75.8	10,309.7	4,009.8	1,275.3

FRB　Financial Accounts 2017.6/2019.9　D3　P.7　　FRB　website より取得

〜60%程度であることを考えると、米国の経済規模に対する個人消費比率が非常に高い状況であることが浮き彫りとなる（この点については、図表5-14 参照）。

　米国の消費性向の高さの背景として、20世紀初頭、米国が世界で先駆けとなった「大量生産・大量消費」時代に根付いた貯蓄よりも現在の消費を重視する市民意識がしばしば指摘されている。ただ、社会の意識だけを持って、高い消費性向を説明しきることは難しい。そこで、消費性向の高さについて、米国に特有の経済的要因を指摘しておこう。

　第1に、個人の医療費支出の増加である。米国の個人消費支出の内訳のうち、健康・医療費関連（Health Care）支出の割合は、戦後、著しく高まり、2019年には、個人消費支出全体の17%（名目で2

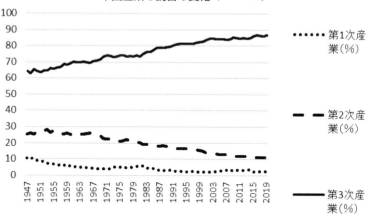

図表 5－17
米国産業の割合の変化（1947-2019）

統計出所：米商務省 BEA website より筆者作成
（注）第一次産業は農林漁業・鉱業、第二次産業は製造業、第3次産業はサービス、建設、
公益事業を含む

兆 4701 億ドルだった。ちなみに 20 年前の 1979 年の同支出額は 1488 億
ドル、消費額の 9.4％である）を占めるに至っている。米国の民間医
療費が家計支出を膨らませている要因として、医療価格が市場原理
に任され国家が多く介入していないこと、医療保障制度の非効率性、
さらには皆保険制度ではないため高額な民間医療保険への支出が高
まらざるを得ないこと、などが挙げられている。
　二つ目の点として、家計消費を促す消費者向け金融市場の拡大が
指摘される。前述の米国全体のモーゲイジ・ローンの残高は、2018
年の時点で、既に 10 年前の金融危機発生時の水準を上回っている。
米国の購入意欲の高まりとともに、積極的な金融機関の貸出姿勢を
背景にしている。さらに、住宅以外の消費者ローン残高も増え続け
ている。こうした金融機関からのローン増加も、家計の消費性向を
高止まりさせる要因となっている。
　さて、米国商務省の統計によると、2019 年の全消費額は 14 兆

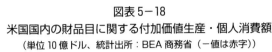

図表5−18
米国国内の財品目に関する付加価値生産・個人消費額
（単位10億ドル、統計出所：BEA 商務省（−値は赤字））

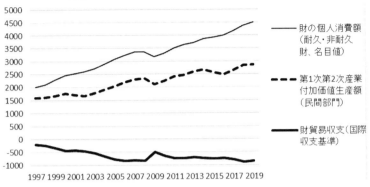

5627億ドル、そのうち財（耐久財・非耐久財）の個人消費が占める割合は31％、4兆5050億ドルである（残りはサービス消費が占める）。国内の産業構造をみてみよう。図表5−17で目立つのは、第三次産業（サービス生産）の割合が第二次大戦後、上昇傾向を辿り近年では経済の9割弱を占めるに至っている。一方、第二次産業（ここでは製造業のみを集計している）は下降を辿り、経済の1割程度のシェアに至っている。経済のサービス化が進展した結果である。

　米国の2019年の財生産額（第一次産業及び製造業合計の付加価値生産額）は、2兆8490億ドルで、財消費総額に対し、1兆6500億ドル以上下回っている。こうした生産−消費ギャップが年々米国では拡大し続けてきた。ちなみに、1997年の財消費額は2兆70億ドル、財付加価値生産額1兆5870億ドル。国内財生産額は、消費額を4200億ドル下回り、その年、財の貿易赤字は1984億ドルを記録していた。2019年の財の貿易収支赤字は8662億ドルだった。付加価値生産額は、原材料となる財の生産額を除いた数字のため、実際の財消費に供された財生産額はここでの数字より多い可能性も考えられるが、拡大する消費需要に国内からの財の供給が追いついてい

ない状況は読み取れる。

　サービス産業の成長に注目するあまり、財商品の国内生産・供給システムの弱体化を見過ごしてしまった米国の経済政策のつけが米国の国際収支に現れている。

　米国の対外債務を招いてしまった二つ目の要因は、本論の趣旨からすると皮肉な指摘となるのだが、「国際経済のグローバル化の進展」といえる。現代のグローバリズムは、政治、経済、文化、人々の日常生活全てに及んでいる。勿論、国際経済そして国際金融のグローバル化も急速に進展してきている。

　複式簿記記帳に基づく経常収支と金融収支は表裏の関係として国際収支上に現れる点は、巻末の国際収支の解説で示す通りである。原則として、経常収支がプラスの場合、金融収支もプラスに、経常収支がマイナスであれば金融収支もマイナスの結果となる。

　即ち、経常収支が赤字を記録すると、何らかの形での資金決済として対応が行われるのだが、この際の資金補填（資金調達）は金融収支（公的外貨準備を含む）上に現れる。従って、経常収支の赤字が恒常化すると、累積債務は膨らむ一方になる。さらに債務には利払いが付随し、これも債務額に加わる。経常収支の不均衡化で対外債務が増加し、海外から資金が流入しなくなったら、もしくは資金が流出したら、これはアジア金融危機でみられた金融危機が生じることになる。

　米国は世界最大の経済大国であり、金融市場も世界最大である。工夫された金融商品もウォール街に並べられている。米ドルも依然基軸通貨の地位にある。そして、グローバリズムの進展は、資金が国境を越え自由に米国に流入してくることを可能にした。この結果、米国はその結果を深刻に考えることなく巨額の経常収支赤字を毎年計上させ、これを補填する資金についてはスムーズに海外から取り寄せることができる状況となっている。グローバル化経済は、巨額な経常赤字のファイナンスを続ける仕組みを作り上げてしまったの

だ。グローバル化経済が、着実に進展する中で、米国市民から不均衡が生み出す金融危機の意識をすっかり失念させてしまった。この点が大きなリスク要因となっているのだ。

5-5　国際経済のグローバル化の評価とリーダー国の責務

　本論では、グローバリズムを視点に世界経済の動向を眺めてきた。近年のグローバリズムは突如沸き起こった自然発生的現象のように見えるが、その礎は戦前の苦い経験を反面教師としている国際協調体制であると言えよう。保護主義、排他主義から得るものはなく、協調を重視する国際的体制こそ、世界の発展の源泉となる。この理念のもとに、自由で公平な仕組みが取り入れられ、現代のグローバリズムの基盤が整えられたことは、既に述べたとおりである。

　しかし今、新型ウィルスの猛威から、世界経済は深刻な被害を受け、世界経済も縮小の方向に向かいつつある。今後懸念されるのは、世界レベルで保護主義へ向かう風潮が再び世界を席巻することである。世界各国が協調の理念のもと、経済再建に立ち向かわねばならぬ時、アンチ・グローバリズムの迷路に世界が迷い込むことは避けねばならない。グローバリズムを国際社会が適切な形で育てていくことにより、第二次大戦前のような地球レベルでの破壊的混乱を回避し、地球レベルでみた経済発展への道を辿り続けることができると考えられるからだ。

　ただし、グローバリズムはバラ色の側面だけを持ってはいない。グローバリズムから大きなメリットを受ける国はあるものの、一方で大きな問題を抱える国が存在することも事実だ。世界的レベルでの格差拡大は無視できないものであり、また国境を越えた人口移動の加速で混乱する地域も出ている。局地的なテロズム多発のリスク、さらに今回のウィルス性病原菌の急速な地球蔓延など、デメリット

も数々指摘されている。こうした問題に対しては、国際的な協調の下で対応策を講じ解決努力を行う必要があるだろう。

　本論では、後半で、グローバル経済下の経済面でのリスクを指摘した。グローバル経済において、米国は中心国として存在している。しかし、その米国は対外的には、事実上、海外からの資金流入に依存しつつ国内経済の均衡を維持する政策を採り続けてきた。しかし、巨額対外債務の積み増しは安定性を著しく欠いてしまうリスクを忘れてはならない。しかも、コロナウィルスの猛威の影響で、これまで米国への主要な資金の提供国が、今後自国の経済再建に向け投資先の重点を自国に移すことも想定される。米国への資金の流れに歯止めがかかる可能性も視野に入れるべきなのだ。

　こうした視点から、基軸通貨国、米国は対外バランスの改善に、本腰をいれる必要があるのだ。貿易赤字、経常収支赤字は、単純な貿易保護主義では決して改善できない。輸出国への非難の繰り返しだけでも決して解決できない。政策として、個人消費依存型経済成長から脱却し、均衡のとれた国内産業基盤の再建に真剣に取り組むことこそ喫緊の課題なのだ。米国経済の構造的な面に目を向け、経常収支の赤字、対外純債務の減少に取り組む必要がある。

　グローバリズムは、世界経済の発展を促す効能を持つが、一方で国家が経済不均衡状態に甘んじていると思わぬ経済混乱をもたらす。副作用を持つグローバリズムが深化すればするほど、この混乱は深刻なものとなる。グローバリズム下の国際経済と世界の中心国、米国との関係を今後さらに国際社会は注視する必要にせまられている点を強調しておきたい。

国際収支の仕組みに関する補足資料

(1) 国際収支統計とは

　国際収支（Balance of Payments）表とは、居住者・非居住者間の国境を越えた日々の経済取引（商品やサービスの輸出入や資金の貸借等の取引）を、企業会計における複式簿記の原則に則り、体系的に集計・分類し、取りまとめられた統計を指す。一定期間の取引を集計している国際収支表は、「フロー」の概念で作成される。また、国際収支統計を基準に算出される海外との資金の貸借残高（資産・負債残高）はストック概念で作成され、各国の対外資産と負債の状況を一覧できる仕組みとなっている（IMF が加盟国からデータを回収し公表する International Investment Position がこの統計に該当する）。国際経済の状況を把握するためには、無くてはならぬ統計である。しかし、この統計が国際的に整備されたのは、第二次大戦以後のことである。

　第一次大戦の戦後処理と経済復興のため、国際連盟が 1924 年にアメリカ、イギリス及び 7 カ国の大陸欧州諸国、3 つの英国自治領そしてアルゼンチン計 13 カ国の国際収支を収録し「国際収支および外国貿易に関する覚書 1910-1923」として刊行した。これが最初の国際基準の国際収支統計手法といわれる。国際収支の統計整理手法としては未整備な点も多かったが、当時は他に公的統計はなかったため、この国際収支統計への関心も高まり、参加国は徐々に増え、統計作成参加国は発行停止になる 1938 年までに 30 カ国に増えていた（斎藤武雄 [1967] 4 ページ参照）。しかしながら、1939 年の連盟の活動停止で、発行も停止してしまう。

第二次大戦後、その設立早々に、IMF は加盟国に働きかけ国際収支表の作成を指示し、1948 年に国際収支作成マニュアル第 1 版を公表した。IMF 国際収支作成マニュアルは、その後、経済状況の変化に応じ、改定が重ねられてきた。現在は、唯一の世界統一基準として、IMF 国際収支マニュアルが共有されている。IMF の国際収支マニュアルは 1950 年に第 2 版、1961 年に第 3 版、1977 年に第 4 版、1993 年に第 5 版、そして現行の第 6 版が 2008 年に公表されている。以下で、現在使用されている第 6 版にそって、国際収支の基本項目である、経常収支、資本移転等収支、金融収支、誤差脱漏を概観しよう。

○経常収支（Current Acount Balance）
　国家の能動的な国境を越えた経済活動を網羅している。国家の最も基本的な国際経済活動を反映する統計ともいえる。具体的には、最も重要な貿易活動や居住者・非居住者による国境を越えた所得の移動、財・サービスの無償提供などを示している。経常収支は以下のように細分類されている。

　　① 貿易収支（Balance on Goods）、一般財商品、非貨幣用金などのいわゆる財商品の取引を計上する。国際収支統計では、輸出・輸入とも保険料を加えない FOB 建て（Free on Board）で計上される。

　　② サービス収支（(Balance on Services)、金融、保険、情報、旅行、知的財産権などサービス商品に関する国際商取引を計上する。

　　③ 第一次所得収支（Primary Income Balance）、国境を越えた雇用者報酬の受け払い、国境を超えた投資収益の受け払いなどを計上する。

　　④ 第二次所得収支（Secondary Income Balane）、居住者と非居住者間の資産（財・サービス・金融資産などの無償での取引を計上したものである。個人ベースでの居住者と非居

住者間の一方的送金も含まれるが、主な項目としては、政
府食料援助、医療災害援助、消費につながる無償資金援助、
国際機関分担金、損害賠償金支払いなどが挙げられる。

○資本移転等収支（Balance on Capital Account）

資本移転等収支はマニュアル第 5 版以前は「その他資本収支」と
の名称だった。居住者・非居住者間の資産所有権について対価を伴
わない資産取引などが記載される。例えば、相手国の公共インフラ
等資本形成に向けた無償資金援助、途上国への債務免除措置などが
指摘される。

○金融収支（Financial Account）

経常収支、資本移転収支ではその国の対外的な経済活動にかかわ
るもの（即ち、資本取引以外の取引）が記録される。これに対し、
金融収支では、経常取引に対応する資金の受け払い、および債権・
債務を伴う国際的金融取引が計上される。金融収支内の取引は、さ
らに 5 つに分類される。

①直接投資（Direct Investment）、国外での経営参加するための直
接投資に該当する株式取得や直接投資の配当からの再投資額、その
他不動産取引なども計上される。

②証券投資（Portfolio Investment）、直接投資、外貨準備以外の株
式、債券の売買を計上する。直接投資に対応する、民間の間接投資
分野の投資をさす。

③デリバティヴ投資（Financial Derivatives and Employee Stock
Options）、主として機関投資家によるデリバティブ金融取引が計上
される。例えば、オプション取引、先物取引、通貨スワップなどの
差損益などが記録される。

④その他投資（Other Investment）、政府部門、商業銀行、その他
企業、団体、機関等による、貸付・借入、預け金、預かり金、貿易
信用などが記載される。現金決済もここに記載される。

⑤外貨準備（Reserve Assets）、通貨当局の管理する対外資産額を

純増、純減の形で計上される。外貨準備は、国際決済手段として、あるいは通貨当局における外国為替市場での市場介入手段などに用いられる。この項目には、ＩＭＦからの特別借入による外貨も記載される。

○誤差脱漏（Net Errors and Omissions）

　統計値の調整項目である。貿易取引、金融取引双方にかかわる勘定を網羅する項目である。拡大する国際貿易・金融取引を正確に把握することが難しくなっている。不明な取引、数値上の誤差をいずれかの項目に当てはめ、調整するのではなく、統計上の誤差や脱漏項目として、そこにまとめて計上する目的で設定されている。

(2) IMF 国際収支マニュアルによる国際収支記帳

　次いで、国際収支の実際の記帳についてみておこう。

　国際収支の最も重要な原則は、それが、複式簿記の原則に基づき記帳されることである。この意味で、企業簿記の記帳原則と変わりない。ただ、日本の簿記では、借方が向かって左、貸方は向かって右に位置するが、国際収支への記帳では、簿記と反対の位置、即ち借方は向かって右に、貸方は向かって左に記帳する。

　例えば、ある国のメーカーが輸出を行った場合、それは、企業の売上と同じく「財貨の輸出」（貿易取引）として貸方に記帳される。同時に、輸出代金の受け取りの記帳で、金融資産の増加が記帳される（金融取引）。輸出代金の受取が、現金受取、あるいは貿易手形の形でなされると、金融資産の増加を意味するため、金融収支・その他投資項目の借方に記帳される。輸出した会社が輸入会社から借入れの残高があり債務の帳消しで決済を行う（既存の債務と輸出代金受取を相殺する形をとる）場合は、輸出国側の金融収支では、金融負債の減少としての記帳が行われる。

　ここで５つのケースを観察してみよう。

IMF 国際収支の記帳ルール

（IMF 国際収支マニュアル第 6 版　Balance of Payments and International Investment Positions Manual 6th ed.,）

		貸方	借方	
経常収支	貿易収支 （財貿易収支）	財貨の輸出 （FOB）	財貨の輸入 （FOB）	収支尻は 「貸方」- 「借方」
	サービス収支 （サービス貿易収支）	サービスの輸出	サービスの輸入	
	第一次所得収支 （旧所得収支）	所得の受取	所得の支払	
	第二次所得収支 （旧経常移転収支）	経常移転（受取）	経常移転（支払）	
資本移転等収支（マニュアル第 5 版は「その他資本収支」と呼ぶ）		資本移転（受取）	資本移転（支払）	

		貸方	借方	
金融収支 （マニュアル第 5 版は「投資収支」と呼ぶ）	直接投資	直接投資 （金融資産の減少）	直接投資 （金融資産の増加）	収支尻は 「借方」- 「貸方」
		直接投資 （金融負債の増加）	直接投資 （金融負債の減少）	
	証券投資	証券投資 （金融資産の減少）	証券投資 （金融資産の増加）	
		証券投資 （金融負債の増加）	証券投資 （金融負債の減少）	
	その他投資	その他投資 （金融資産の減少）	その他投資 （金融資産の増加）	
		その他投資 （金融負債の増加）	その他投資 （金融負債の減少）	
	外貨準備増減	外貨準備減少	外貨準備増加	
誤差脱漏		誤差脱漏	誤差脱漏	

（注）誤差脱漏について。計上漏れが貸方にある場合、あるいは借方に過多の計上がなされている場合に、貸方に相殺のため誤差脱漏の計上を行う。逆の場合は、借方に計上し、記帳操作を行う。

（出所）内村・田中・岡本著「国際収支の読み方・考え方」　p63-65, p 78 及び IMF 第 6 次国際収支マニュアル（IMF）を参考に作成

（ケース1）A国自動車会社が自動車1台を、1万ドルで輸出をした。輸出の代金の受取は、6カ月期限付き輸出手形とする。この時、貸方に輸出（経常収支・輸出）、借方に輸出手形（金融収支・その他投資）が記帳される。受け取った手形は、自動車会社が貿易信用を与えることで輸入会社に対外資産を持つ。

貸方	借方
輸出　10000（経常収支・輸出）	輸出手形　　10000（金融収支・その他投資）

（ケース2）A国の輸入業者がオレンジ1トンを輸入、輸入代金8000ドルを銀行送金した。輸入は、借方（経常収支・輸入）に記帳され、銀行を通しての現金送金は、輸入業者の対外資産減少として、貸方（金融収支・その他投資）に記載される。

貸方	借方
現・預金　8000（金融収支・その他投資）	輸入　8000（経常収支・輸入）

（ケース3）A国の製鉄会社が、海外に製造拠点設置のため、資金を投資先の銀行に2万ドル送金した。製鉄会社は、対外直接投資を行うことにより、海外子会社に対し金融資産を保有する。そこで、借方に金融収支・直接投資として記帳。一方、銀行を通して投資資金を送金するため、対外資産が減少し、貸方に金融収支・その他投資として記帳する。

貸方	借方
現・預金　20000（金融収支・その他投資）	対外直接投資　20000（金融収支・直接投資）

（ケース4）　海外の機関投資家が、A国の社債を3万ドルを購入し、銀行口座を通して注文先の証券会社に送金してきた。債券を売

却し資産を減少させることにより、金融収支・証券投資として貸方に記帳する。一方、売却代金を受け取り対外資産が増加する。受け取る代金を借方に金融資産・その他投資に記帳する。

貸方	借方
債券　30000（金融収支・証券投資）	現・預金　30000（金融収支・その他投資）

（ケース5）A 国の債券発行会社は、債券利子 1000 ドルを海外の投資家に向け銀行送金で利払いを行った。利子支払いは、借方に経常収支における第一次所得収支として記帳される。一方、現金の国外支払いについては、対外資産の減少として、金融収支・その他投資として貸方に記帳される。

貸方	借方
現・預金　1000（金融収支・その他投資）	債券利子　1000（経常収支・第一次所得収支）

以上が、国際収支の基本的な記帳手順である、

国際収支の各項目の収支尻は、黒字、赤字を意味するプラス「＋」、マイナス「−」の記号が表示される。IMF の国際収支マニュアル6版は、経常収支、資本移転等収支の2つの収支を自律的経済活動を反映した国際取引に位置付けた。一方、金融収支（外貨準備を含む）は、経済活動を反映した国際取引から生じる資金貸借をファイナンスするものと位置づけた。従って、経常収支、資本移転等収支はアバブ・ザ・ライン、金融収支はビロウ・ザ・ラインとして表示される。アバブ・ザ・ラインの2つの収支は、「借方」から「貸方」を差し引き「収支尻」を算出する。一方、金融収支（ビロウ・ザ・ライン）は、アバブ・ザ・ラインのファイナンス項目の位置づけのため、収支の計算では位置関係が逆となり、「貸方」−「借方」の式が使われる。

<table>
<tr><td colspan="2">ケース 1 ～ 5 の経常収支、金融収支</td></tr>
</table>

経常収支（＋1000 ドル）

貸方	借方
輸出 10000（ケース 1）	輸入 8000（ケース 2）
	債券利子 1000（ケース 5）

貸方 − 借方　10000 − (8000 + 1000) = ＋1000

金融収支（＋1000）

貸方	借方
現・預金 8000（ケース 2）	輸出手形 10000（ケース 1）
現・預金 20000（ケース 3）	対外直接投資 20000（ケース 3）
債券 30000（ケース 4）	現・預金 30000（ケース 4）
現・預金（ケース 5）	

借方 − 貸方（10000 + 20000 + 30000）−（8000 + 20000 + 30000 + 1000）= ＋1000

　ちなみに、前述 5 つのケースの国際収支では、経常収支＋1000 ドル、金融収支＋1000 ドル（流入超）となる。経常収支（及び資本移転等収支）は、複式簿記の手続きを経るため必ず一致することになる。

　IMF 国際収支マニュアル 6 版で計算される国際収支の仕組みを会計式で示すと、経常収支＋資本移転等収支＋誤差脱漏＝金融収支（外貨準備を含む）で表示される。この関係からみる通り、経常収支が大幅赤字を計上すると、金融収支は必ず借入を行うことになり、これに対し、経常収支黒字国は資本の貸出国となるわけである。

注

はじめに

1. ちなみに、WTO はホームページの機関の紹介コーナーで、比較優位の考えを「全ての経済学の中で、唯一最も有力な洞察力を持つ学説」と表現している。World Trade Organization Understanding, The WTO Basics, The Case for open trade（2020 年 5 月掲載より）

1 章

1. 成長率計算については A. Maddison（2007）の掲載データを利用した。

2. Globalization : A Brief Overview by IMF Saff, may 2008 より引用

3. Sutch R. and S. Carter（General Editors）[2006], Historical Statistics of the United States, Cambridge　集録の統計から筆者計算の値。

4. 1947 年 11 月から 1948 年 3 月にかけてハバナで開催された国連会議で、国際貿易機関憲章（ハバナ憲章）と ITO の設置が 53 カ国の賛成で採択されたものの、多くの国の議会では、ITO の承認が見送られる結果となっていた。

5. なお、ガットが規定している「国際貿易」の対象は、物品取引であり、サービス商品に関する取引は対象外としている。

6. 協定成立の詳細については、滝川 [2017] 183 ページ参照。

7. IMF International Financial Statistics　CDR　April 2010 のデータからの数字。米国の公的金準備の世界保有に対する割合はその後低下傾向となり、1970 年には 27 ％となっている。なお、1976 年 1 月に、ジャマイカでの IMF 暫定委員会で金の廃貨が正式合意され、国際決済制度において金の役割は終了している。

8. ガットの立場を示した文面を参考までに示しておく。「締約国は、任意の協定により、その協定の当事国間の経済の一層密接な統合を発展させて貿易の自由を増大することが望ましいことを認める。締約国は、また、関税同盟又は自由貿易地域の目的が、その構成領域間の貿易を容易にすることにあり、そのような領域と他の締約国との間の貿易に対する障害を引き上げることにはないことを認める。」「関税および貿易に関する一般協定　第 24 条 4 項」、外務省ホームページ（平成 28 年 9 月 5 日付け）より転載。

9. 経済統合の過程として、バラッサは、5 つの段階を示した。(1) 自由貿易地域、(2) 関税同盟、(3) 共同市場、(4) 経済同盟、(5) 完全なる経済統合、である。(1) 自由貿易地域では、加盟国間の関税や非関税障壁が排除されるが、貿易での障害排除を除いては各国の主権が重視される。(2) 関税同盟下では、加盟国は関税や非関税障壁を排除するとともに、非加盟国に対しては、関税を加盟国が均一化させる。つまり加盟国の関税にかかわる決定権が共同体に移行することになる。(1) 自由貿易地域、(2) 関税同盟については、ガットの規定と同じ内容となる。(3) 共同市場では、貿易

上の制限を排除するだけではなく、生産要素の加盟国間内での移動が自由化される。労働力移動、資本移動が自由化されるのだ。(4) 経済同盟では、共同市場の運営するために必要な加盟国間の経済政策の調整も取り入れる段階となる。(5) 完全なる経済統合の段階では、加盟国の間で拘束力を持つ超国家機関の設立や、経済政策、財政政策の統一化が実施される。

10. ガット協定第 24 条 5 項の前文で、「この協定の規定は、締約国の領域の間で、関税同盟を組織し、若しくは自由貿易地域を設定し、又は関税同盟の組織若しくは自由貿易地域の設定のために必要な中間協定を締結することを妨げるものではない」と明記している。なお、「FTA」は、今日 Free Trade Agreement の略として用いられているが、ガット条文では Free Trade Areas の略として「FTA」は用いられていた。

3 章

1. この時期の詳細についてはアルバート・ゴア・ジュニア著　浜野保樹監修（1994）「スーパー情報ハイウェー」電通を参照されたい。

2. ゴア副大統領は、積極的に海外講演で、NII の必要性を強調している。例えば、1994 年秋の京都、ITU（International Telecommunication Union）の全権委員会議で、GII（Global Information Infrastructure の略）構築のための役割りについて、また 1995 年 2 月には G 7 サミット、ベルギー会議で「GII 実現の条件」との題名の講演行っている。(「GII 世界情報基盤」　アルバート・ゴア著　浜野保樹　監修・訳 (1995)　ピー・エヌ・エヌより)

4 章

1. IMF website International Financial Statistics, Data Table 2020 年 6 月取得より算出。

2. 外務省経済局サービス貿易室編 [1998]「WTO サービス貿易一般協定」財団法人日本国際問題研究所　120 ～ 122 ページ参照

3. 詳しくは、コーリン・クラーク、Clark. C. G (1940)「The Condition of Economic Progress」Macmillan　大川一司、ほか訳 [1953 上巻、1955 下巻]「経済進歩の諸条件」勁草書房

4. クラークは、「国際比較をしやすくするために」、生産形態の分類の定義を行った。即ち、農業、牧畜、水産、林業、狩猟を第一次産業とし、鉱工業、建築、公共事業、ガス・電気事業を第二次産業とした。一方、第三次産業に関しては、一次、二次以外の全ての産業。その主なものは、配送・運輸、家事、行政、及び非物的生産物としている。この時代、第三次産業は今日の様態とは大きく異なり、統計整理も難しかったものと思われる。コーリン・クラーク (1955) 下巻 380 ページ参照。なお、クラークは経済構造発展論については、農業、製造業、商業へと所得と労働人口の移行から産

業の構造変化が生じると説く 17 世紀の経済学者、ウィリアム・ペティの考えを参考にしている。コーリン・クラーク、前掲書 9 章参照。

5. 第二次大戦直後、日本も含め、大半の諸国で国民は所得低下に苦しまざるを得なかった。その状況は、現在世界で最も豊かな国のグループに属する諸国でも同じであった。クラークが整理した記録によると、1946 年の国民の支出分布で、支出における食料品の割合はオランダ、デンマークで 50%、スイスで 51%、ベルギーで 53% に上っていた（コーリン・クラーク［1953］上巻 31 ページより）。

6. ちなみに、J. H. ダニングは、こうした多国籍企業の国際戦略を OLI（Ownership-Location-Internalisation advantage）アプローチとして、理論化している。これは、以下の 3 つの条件が揃うとき、多国籍企業の海外拠点の優位性を発揮できることを実証する内容である。

1）Ownership-Specific Advantage（所有特殊優位）　多国籍企業が、技術力、販売力、ノウハウ、ブランドなど、特別に秀でた経営資源を所有している場合。

2）Location-Specific Advantage（立地特殊優位）。多国籍企業が、海外進出先で生産業務を行う場合、インフラ、技術、地理的条件、経営資源の賦存性などで優位にたつ場合。

3）Internalisation Incentive Advantage（内部化インセンティブ）多国籍企業が現地での生産活動を外部生産に委託するよりも、イン・ハウス、即ち自社内に生産部門として取り込んでしまう（内部化する）ほうが有利と判断される場合。

ダニングのアプローチは 1980 年代初頭に報告されているが、現在では上記の 3 条件をそろえた多国籍企業の数は、格段に増えているものと想定される。こうした企業にとって、グローバル化の進展は海外進出への絶好の機会を与えているわけである。

5 章

1. BIS（国際決済銀行）統計より引用。BIS は 3 年毎に、4 月中の 1 日平均とした世界の為替市場での為替取引額を発表している。これによると、2001 年に、同取引額は 1 兆 2390 億ドルだったが、2010 年に 3 兆 9710 億ドルへと増加傾向を辿ってきていた。

2. 通貨取引額は、相手通貨側の数字も含むため、各取引では、2 通貨が絡み、その結果全通貨の割合の合計が 200% となるが、88% という数字はドルが取引通貨として多用されている状況を示すものである。

3. 一国の今期の対外純資産・純債務残高（投資ポジション）の計算は、以下の式で表される。前期末の対外純資産（純債務）＋今期の経常収支＋今期の対外純資産・純負債残高の資産増減評価（キャピタルゲイン／キャピタルロス）である。従って、対外純資産・純債務残高の毎期の増減は、経常収支の動向に大きく左右されることになる。

主な参考文献

浅羽良昌［1996］『アメリカ経済 200 年の興亡』東洋経済出版社

安倍悦生、壽永欣三郎、山口一臣著［2002］「ケースブック・アメリカ経営史」有斐閣ブックス

アルバート・ゴア　浜野保樹監修・門馬淳子訳［1994］『情報スーパーハイウェー』電通アクティス

アルバート・ゴア　浜野保樹　監修・訳［1995］『GII 世界情報基盤』ピー・エヌ・エヌ

井川紀道編著［1992］『IMF ハンドブック―国際通貨基金の組織と機能』年金研究所

池田美智子［1996］『ガットから WTO へ―貿易摩擦の現代史』ちくま新書

大田英明［2009］『IMF（国際通貨基金）使命と誤算』中公新書

岡村健司編著［2009］『国際金融危機と IMF』大蔵財務協会

経済産業省通商政策局［2010］『不公正貿易報告書 2010 年版』

小寺彰・中川淳司［2011］『基本経済条約集』有斐閣

小林友彦ほか 3 名［2016］『WTO・FTA 法入門』法律文化社

斎藤武雄［1967］『国際収支の研究』　東洋経済新報社

柴田徳太郎［1996］『大恐慌と現代資本主義』　東洋経済新報社

滝川敏明　［2017］『WTO 法　実務・ケース・政策』三省堂

田中五郎　［1998］『発展途上国の債務危機』日本評論社

田村次郎［2006］『第 2 版　WTO ガイドブック』弘文堂

津久井茂充［1993］『ガットの全貌：コメンタール・ガット』日本関税協会

中川淳司　［2013］『WTO　貿易自由化を超えて』岩波新書

西田勝喜［2002］『GATT/WTO 体制研究序説』文眞堂

ベラ・バラッサ［1963］中島正信訳　経済統合の理論　1963、Balassa Bela［1961］The Theory of Economic Integration Richard D Irwin Inc

宮崎犀一、奥村茂次、森田桐郎［1981］『近代国際経済要覧』東京大学出版会

村本孜編著［2004］『グローバリゼーションと地域経済統合』蒼天社出版

山本栄治　［1997］『国際通貨システム』岩波書店

Colin G. Clark［1940］The Condition of Economic Progress」Macmillan　大川一司、ほか訳［1953 上巻、1955 下巻］「経済進歩の諸条件」勁草書房

James M. Boughton and K. Sarwar Lateef［1995］『Fifty Years After Bretton Woods The

Dunning John H.［1981］『International Production and the Multinational Enterprise』George Allen&Unwin

Lawrence J McQuillan L. J. and P. C. Montgomery（Editors）［1999］『The International Monetary Fund-Financial Medic to the World? A Primer on Mission,

Operations, and Public Policy Issues』 Hoover Institution Press（森川公隆監訳 ［2000］『IMF 改廃論争の論点』東洋経済新報社）

Nicholas Crafts ［2000］ "Globalization and Growth of the Twentieth Century" IMF Working Paper Series, March 2000

Kindleberger Charles P. ［1978］『Manias, Panics and Crashes : A History of Financial Crises』Palgrave Macmillan（吉野俊彦、八木甫訳（2004）『熱狂、恐慌、崩壊　金融恐慌の歴史』日本経済新聞社）

Maddison, Angus ［2007］『Contours of the world economy, 1-2030 AD: essays in macro-economic history』Oxford University Press, アンガス・マディソン（政治経済研究所訳）［2015］『世界経済史概観──紀元 1 年 -2030 年』岩波書店

Sachs Jeffrey D and A Warner（1995）『Economic Refrom and the Process of Global Integration』Brooking Papers on Economic Activity（1）掲載論文

Sutch R. and S. Carter（General Editors）［2006］『Historical Statistics of the United States』 Cambridge

William R. Cline ［2005］『The United States as a Debtor Nation』Institute for International Economics Center for Global Development

外務省 ホームページ公表資料

総務省統計局 ホームページ公表諸統計

International M onetary Fund ホームページ公表統計

United Nations Conference on Trade and Development（UNCTAD）ホームページ公表統計

U. S. Department of Commerce Bureau of Economic Analysis 公表統計

World Bank ホームページ公表統計

World Trade Organization　ホームページ公表統計

索引

著者紹介
鎌田 信男（かまた のぶお）
1950年生まれ
1982年 仏・ディジョン大学（現・ブルゴーニュ大学）
経済・経営学部大学院、大学博士課程修了（同大学経済学博士）
1999年より東洋学園大学教授、同大学院現代経営研究科長、
日本貿易学会理事、国際ビジネスコミュニケーション学会理事など歴任
現在、東洋学園大学大学院現代経営研究科、神田外語大学外国語学部、
早稲田大学教育学部、兼任講師

グローバル化の中の国際経済
―ポスト・コロナの米国リスクを視点に

2020年9月20日初版第1刷発行

著 者 鎌田信男

発行者 日高徳迪

発行所 株式会社西田書店
〒101-0051 東京都千代田区神田神保町2-34 山本ビル
Tel 03-3261-4509 Fax 03-3262-4643
http://www.nishida-shoten.ne.jp
印刷・製本 平文社
ISBN978-4-88866-653-4 C3033
©2020 Kamata Nobuo Printed in Japan